JN064659

無敵の副業!!

「100万円戸建て」からはじめる

不動産投資入門

黒崎 裕之 著

プラチナ出版

はじめに

はじめまして。黒崎裕之と申します。

私は40代の元サラリーマンで、今から15年くらい前、忙しい仕事の合間をぬっていくつかの副業をした結果、「不動産投資」にたどりつきました。

序章でくわしくお話ししますが、サラリーマン時代の本業である総合不動産会社で培った知識を活かせること。また、こちらはコラムで紹介していますが、実家が不動産投資で大失敗した経験もトリガーとなっています。

まず私は、2010年に賃貸併用住宅の購入で不動産投資をスタートしました。その後、手持ちの現金を中心にコツコツと物件を増やしていき、今ではアパート9棟・区分2室・戸建て7軒で、年間の不動産収入等は3500万円、キャッシュフロー（ローンなどを差し引いた手残り）は約2000万円です。

不動産投資の世界には、もっともっと規模が大きいメガ大家さんや地主さんもいますが、私は規模拡大するよりも、少ないリスクで失敗を避けて行う不動産投資をおすすめしています。

その具体的なノウハウを書いたのが、２０１８年に発売された私の処女作『１００万円からできる「地方・ボロボロ一戸建て」超高利回り不動産投資法』（日本実業出版社）です。おかげさまでご好評いただきまして増刷を重ねています。

読者の皆さんには本当に感謝しております。

さて、なぜ私は2年ぶりに本を執筆しようと思ったのか。

それは、「不動産投資は難しい」「勉強しなくてはできない」「高額だからできない」「失敗が怖い」と思い込んであきらめている人がまだまだ多いからです。

私自身は、さまざまな副業があるなかで、不動産投資ほど「無敵」の副業はないと確信しています。

そこで不動産投資に対するネガティブなイメージを払拭すべく、その魅力やどれだけ難しくないかを書籍にまとめることにしました。副業に興味を持ちはじめた方でも理解できるように、「とにかく優しく、わかりやすく」をモットーに執筆しています。

加えて前著の発売された２０１８年と、この本が出版される２０２０年とでは、とても大きな違いがあります。

はじめに

どんな差があるのかといえば、「新型コロナウイルスの拡大感染」です。2018年でもサラリーマンが給与収入だけに頼っていては、生活の不安、将来の不安があるため、多くの方々が副業として不動産投資を選択していました。

とくに2018年までは融資が受けやすい環境だったこともあり、ハイレバレッジ投資（巨額の融資を借りて行う投資）に手を出して失敗する人も続出しました。

その後、今年に入って状況が一変します。中国で発症した新型コロナウイルスはまたたく間に世界中に感染が広がり、まさにパンデミックとなりました。

現在の状況をいえば、人によっては本業に影響が出ているケースもあるでしょう。ここ数か月でテレワークが推奨されていますが、今後は日本人の働き方がどんどん変わっていくのだと予測します。そんななかで、今まで以上に給与以外の収入が大切になっていくはずです。

大げさにいっているわけでなく、今まさに業績回復の兆しのない会社がほとんどであり、サラリーマンをしていれば一生安泰だと考えること自体がリスクとなっています。

こんな不安定な世の中だからこそ、無敵の副業である「不動産投資」に目を向けてみませんか？

巨額の借金を背負って行う危険な投資ではありません。私の提唱するやり方は100万円からスタートできます。

ボロ戸建てを1戸購入すれば、物件にもよりますが、だいたい5万円程度が稼げます。そうやって5万円の利益をコツコツと積み上げれば安定的な副収入となります。

本書では「絶対成功の7つの法則」と名付けて、そのノウハウをお伝えしています。また、安い戸建てをセカンドハウスにする使い方があってもいいのかなと思います。私自身も賃貸併用住宅という、アパートとマイホームが合体した家に住んでいますが、テレワークができる仕事であれば、田舎に安い戸建てを買って悠々自適に暮らすこともできます。

いずれにせよ、失敗しても致命傷になる金額ではありません。100万円というのは大きなお金ではありますが、不動産の購入資金と考えれば安いものです。

総合不動産会社に17年勤めた私からすると「無知は罪」です。ぼんやりしていると悪い業者にだまされてしまいます。そんなことにならないよう勉強が必要ですが、不動産投資の世界は奥が深く、勉強する内容はそれこそ山ほどあります。

だからこそ、まったくの初心者向けの本書で必要最低限を学んでいただけたらと考えました。

スモールスタートではじめる高利回り戸建て投資は、そこまで失敗する理由が見当たりません。心配性な方、借金嫌いな方はウエルカムです。サラリーマンをしながら副業をがんばって、勝ち組サラリーマンになりましょう！

本書が成功への道筋となれば、著者としてこんなにうれしいことはありません。

もくじ

もくじ

第1章 世の中、みんな「副業」をしている

第2章 副業に不動産投資がおすすめなワケ

第3章 超カンタン！ 絶対成功する7つの法則

第4章 100万円からはじめる戸建て投資　実践編！

第5章 経済的自由の考え方

もくじ

イラスト　ひろじん

本文装丁デザイン　井関ななえ

序章

私が副業の不動産投資をはじめるまで

地主の長男として過ごした少年期

私の実家は農家でした。祖父は農業のかたわら大工の棟梁になりました。そこで蓄財したお金をどう活かすか考えたときに、不動産という選択肢を見つけたといいます。

私が生まれたときは、すでにアパートや土地をいくつも持っていました。まだ小さいころから大工工具に触れたり、新築アパートの業者との打ち合わせも見聞きしたり、物件まわりの掃除に出かけたこともあります。

そのため、一般的な会社員の家庭で育った人たちに比べて不動産投資に抵抗感はなく、むしろ馴染みがありました。

実家の不動産規模は、最盛期で10億円以上ありました。ただ、そこまでの規模であることを私はまったく把握していませんでした。あとから問題が起こって、資産がすべて開示された際にはじめて知りとても驚きました。

資産規模からいえば、私は12ＬＳＤＫの戸建てに住むお金持ちのお坊っちゃんになるのでしょうが、家の周りには広い家が多く、車はベンツでもＢＭＷでもなく中古のクラウンです。家族で外食に出かけた思い出もほぼありません。資産はあってもきちんと活用できず、どうやらキャッシュフローはあまり出ていなかったようです。

もともとは大工をしていた父でしたが、30歳をすぎてから大家業に専念しており、外で働いているところを見た記憶もなく、家にいることが多かったです。

一方、祖父は家の近くに畑をいくつか持っていたので、そこで果物や野菜を育て朝から晩まで働いていました。

また、母も祖母もパートで働きに出ていました。そのため、私が小さいときは自分の家が資産家だという認識はありませんでした。母のパート先は地元にある温浴施設で、東京にあるお台場の大江戸温泉のようなところでした。今はないのですが、そこに20年近く勤めていました。

よく母は「正社員の人よりも会員数をたくさん獲得して1番になったんだよ」と誇らしげに私に話してくれました。

父はといえば、突然に10日間も姿を見せなくなったと思ったら、気づくとオーストラリアのお土産を持って帰ってくることもありました。いわゆる自由人です。家ではグータラしているように見える父を目にするたび、「本当に我が家はお金があるのかな?」と、子どもながら不安に感じたものです。

資格取得やアルバイトに明け暮れた大学時代

私は18歳のとき、地元の石川県金沢市から出る決意をします。なぜ地元を出たいと思ったのか。それは祖父が「東京に行って荒波にもまれたほうがいいぞ」と言ってくれたからです。

父は2代目で甘やかされていたので、祖父としては教育に失敗したと悔やんでいたのでしょう。「絶対、東京に行くべきだ」と強く言われました。そして一浪はしたものの、明治大学に合格できました。

なお大学に在学中、私は宅地建物取引士と管理業務主任者の資格を取得しました。当時は家業を継ぐつもりでいましたし、もし普通に就職するとしても、資格は取得したほうが有利だろうと考えていたのです。

宅建は大学2年生のときに1回目をチャレンジしましたが、準備期間が2か月しかなかったので不合格。翌年に再挑戦して合格しました。宅建を取得するため4か月くらい資格スクールに通い、大学の勉強よりも時間をかけたものです。

大学4年時に祖父からのすすめもあり、管理業務主任者の資格も取りました。ちなみにマンション管理士も同時期に受けましたが、合格まで5点届きませんでした。

今から振り返ると、当時から不動産投資の勉強をしておけばよかったと後悔することがあります。ただ、そのときはお金に対しての意識が低く、家業を継ぐのであれば継いだタイミングで勉強すればいいと考えていました。

そんなわけで大学時代は資格の勉強をがんばったのと、これから後述するアルバイトに精を出していました。

私にとって東京は憧れの地でした。

なかでも、漫画の『シティーハンター』（北条司／集英社）の影響もあって新宿・歌舞伎町で働きたくなりました。歌舞伎町といえばやっぱりホストですが、ホストになる度胸も器量もありません。

そこで昔のコマ劇場の地下にあった居酒屋で働きました。大学は明大前、家は吉祥寺で、バイト先は新宿という位置関係です。

夜にコマ劇場前で居酒屋のキャッチもして、場所柄いろんな人に出会い、とても貴重な体験をしました。

その後は携帯電話のキャッチセールスをしました。コンビニの前でくじを配る仕事です。

ご存じの方もいるかもしれませんが、当選率が圧倒的に高いくじで携帯電話か衛星放送の加入権が必ず当たります。

契約を取れればその分お金が入る歩合制のアルバイトでした。基本的には外で行うので、冬は話し過ぎてアゴがよく痛くなったことを覚えています。セールストークはここで鍛えられました。

そのほかにもテレアポの仕事をしました。時給は1500円と高額ですが、なによりも人と話すのが好きだった私は、友だち4人と一緒に働くことができて楽しかったです。職場は社会人も多く、電話での話し方やマナーなど学べてとても勉強になりました。

ちょっと珍しい仕事でいうと、実家のツテを頼りに永田町の議員会館でアルバイトをした経験もあります。

当時の首相は森喜朗さん（第86代 内閣総理大臣）でしたが、実は同じ石川県の出身です。大学2～4年生のときには「空いた時間にいつでも勉強しに来ていいよ」とお声をかけていただき、月に2回は通いました。

議員会館は必ずスーツ着用でなければならず、仕事内容は議員秘書のお手伝いです。秘書さんがとても忙しかったので、書類を議員会館内の指定された議員の部屋まで届けに行くことなどをしていました。

自由民主党本部や国会議事堂、総理大臣官邸などに出入りして、有名議員に会ったり、秘書へ相談しに来る人々の会話を聞けて、とても良い社会勉強になったと感謝しています。

新卒で不動産会社へ！　経理と営業を経験

大学3年生で宅建を取得したあと、祖父から「家業の心配はいらないから、3年間は東京の不動産会社に就職しなさい」と助言されました。そこで三井不動産、三菱地所、森ビルなどから受け、とある大手の総合不動産会社へ入社することになりました。

研修の課題図書であった『金持ち父さん 貧乏父さん』（ロバート・キヨサキ著／白根美保子訳／筑摩書房）に強く影響された私は、実家の将来のこともありお金について学ぶべきだと考え、経理部を希望して配属されました。

文系出身の私にとって、けた数の多い数字を見たり、税務関連の業務をしたりするのはかなり苦痛でしたが、電卓を早く叩けるようになり、今も右手と左手のどちらでも扱えるようになりました。

経理部に1年半ほど勤めたころ、新築分譲マンションを販売する子会社への出向を命じられました。仕事内容としては「待ち受け営業」と呼ばれるものです。

まず、お客様にアンケートを渡して記入いただきます。その後、モデルルームの映像を見てもらい、その間にアンケートの内容から、その人がいくらの部屋を買えるのか計算します。

買えそうな場合は、その部屋を気に入ってもらえるよう一生懸命営業をします。そして、その日のうちに申込みをもらい、3日以内に手付金として物件価格の1割を振り込んでいただき、1週間後に契約を行います。まるでベルトコンベアみたいな営業スタイルですが、この部署は私に合っていました。

私が配属されたのは東京の西側の現場でした。異動の初月から契約をとり、そこから3か月間は2件ずつ契約し、多い月は5件契約したこともありました。結果的に、半期でトップの成績を収められました。

このとき、前部署で学んだ経理の知識が非常に役立ちました。数字の計算が頭のなかで瞬時にできたので、あとはアルバイトで学んだセールストークをさらにスキルアップさせればいいわけです。

お客様はモデルルームに来た時点で買うモチベーションが高いので、決断しやすいように背中を押す営業を心がけました。上司からも「何件もモデルルームを回らせて悩ませるなんて罪なことだ。ここで決めてさしあげろ！」と指導されました。

他社の営業マンからは「モデルルームに行って、3日後に物件価格の1割も振り込ませるなんて、それ強引すぎじゃない?」と言われましたが、私はまったく気にしませんでした。それは契約が取れない者の負け惜しみ。お客さんに満足してもらえればそれでいいと考えていました。

最初に配属された現場での話をもう少しさせていただきます。

私がはじめて担当したのは裁判物件でした。「マンション建設反対!」と書かれたプラカードが建設現場の周りに貼られており、他の営業マンはみな嫌がっていました。それまでの私は経理しか経験しておらず、半ば押し付けられるかたちでこの現場の営業担当についたのです。

ここではかなり苦労をしたのと同時に学びも多かったです。周辺の住民から石を投げられたこともありますし、夏場に日陰のない砂ぼこりが舞う現場での、2メートルほどの看板をもっての案内は非常に辛かったです。

あと、もうひとつ思い出深い物件は、マンションの目の前にコンクリートを作る工場がありました。ミキサー車が何度も通りすぎるため、販売するのに苦労しました。

また、この物件は「JV物件」でした。JVとはジョイント・ベンチャーの略で、簡単にいえば「共同企業体」です。大規模な建設工事事業において、複数の企業などが協力して事業を請け負います。

販売会社はたとえば契約を取ったら3％の手数料が得られるとすると、たくさん決めたいのですが、私の勤める会社の営業力だけでは売れないため、マンション最大手のデベロッパーに販売協力してもらうことになりました。

そこは強引な営業手法で名をはせている会社でした。3日以内に契約など、かなり積極的な営業をしていた私は、その会社のトップ営業マンに可愛がってもらえました。

完全に実力主義で、合わない人なら、すぐに心が折れてしまう厳しい現場であったと思います。

他社の営業マンがいる前で、「なんでできないの？ それじゃダメだろ！」と怒鳴りつけられたり、人格否定までされる社員もいました。正直、見ているこちらも辛い気持ちになりました。

この現場のなかでは私が最年少で、ほかの人は転職組が大半です。今でもよく乗り越えられたなと感じております。

一番きつかったファンド時代

そうして2年半ほど勤めたあと、営業成績が認められ、親会社の本社に戻り、1棟のビルやマンションの売買仲介の部署に配属されました。ちょうどファンドが乱立しはじめた時期で、社内では花形的な部署でした。

いかに安定して仲介手数料で稼ぐかを考えていたとき、私の上司である部長は「1棟マンションの新築物件を仕込み、サブリース契約をして利回りを確定した商品としてファンドに売却する」というアイデアを思いつきました。

不動産の仲介会社は、契約を前に横槍が入ることも珍しくありません。

たとえば、あるビルを「5億円で買いたい」と申し出た人を見つけたとしても、別の仲介会社が物元（ぶつもと）の自分を飛ばして売主へ8億円で買いたい人がいると申し出たら商談は成立しません。これを「抜き行為」と呼ぶのですが、それが原因で最悪のケースでは殺人事件が起きかねないほどの情報戦です。

それを避けるために、たとえば非公開で仕上がり50億円の物件をあらかじめ用意し、建設会社の利益も十分に取って買主へ提案したこともありました。

具体的には買主が都内の土地を10個程度まとめて購入し、1棟マンションを建設し、サブリースを付けてファンドへ売りました。買主にとってすぐに売却益が出るので、お互いにとってメリットのある手法です。

私が勤めていた会社は大手のグループ会社なので、その信用力を使ってファンドに買ってもらいました。決め手は、グループ会社にはマンション建築部門、管理運営部門もあるので、そこですべてを組成し、一括管理体制によって支えられていたからでした。

ファンドでは、仕事のやりとりが非常に難しいのが特徴でした。

たとえばファンドの人たちは歩合制のため、私たちと働くモチベーションがまったく違います。私は深夜12時まで働いたら十分だと考えて退社していたのですが、彼らは帰らないのです。

夜中の2時、3時まで働くのは珍しくありませんでした。私はその時間になると睡魔に襲われたのですが、決済間際ともなれば早朝の4～6時まで会社で仕事をする日もざらにありました。

また、彼らは何でもメールに残す傾向がありました。不動産業界の慣習として、記録に残るメールは当時から避ける傾向があり、かなりやりにくく感じたものです。

圧倒的に多いメールのやりとりで、「こういう解釈でいいですか?」と確認し合うのが面倒だなと思いながら仕事をしていました。

さらにファンドは不動産に対するエビデンスが非常に厳しく、重要事項説明書(契約に関する重要事項を消費者に対し説明する書類)の添付書類を用意するのに時間を要しました。

すべての書類をまとめると1000ページ以上になり、2つのバインダーにぎっしり詰まるほどの量です。それまで区分マンションのときは100ページほどの添付書類ですみましたが、いきなり10倍の1000ページを超える量なのです。

また、「役所にヒアリングしてきて」と指示された際に、ヒアリングの仕方を間違えると正しい情報が得られません。部長は「習うより慣れろ」という指導スタイルで、ちゃんとヒアリングできていないと猛烈に怒られました。

とはいえ、ファンドで辛かったのは最初の3か月で、そこをすぎたら慣れて楽になりました。ファンド部隊には、不動産鑑定士が2名と敏腕仲介マンがいたので、不動産の説明も完璧です。私はついていくのに必死でしたが、この取引を通じて徐々に慣れて知識も増えていきました。

名古屋への転勤

当時は不動産ファンドが流行っており、よく社員の引き抜きがありました。部長も「年収3000万円でウチに来ないか」と声をかけられていました。

不動産仲介の営業マンは顧客を抱えているので、どこの会社に行っても手数料を稼げます。今でこそ個人情報保護が厳しくなりましたが、かつては顧客リストの持ち出しもあったといいます。

ファンドの部署には1年半在籍しました。本当はもう少し長くいる予定だったのですが、先輩と同期が連続して辞めたのです。

そんなわけで急きょ、私の転勤が決まりました。「君はまだ実力不足だけれど、人手が足りないから名古屋に行くように」と告げられたので驚きました。

入社して7年目、初の転勤でした。結論からいうと、転勤したことで忙しさは減りましたが、とても貴重な体験をした現場でした。

名古屋にいたのは還暦に近い社員が大半で、若手でも45歳くらい。かなりのベテラン集団のなか、私は圧倒的に若かったのです。

最初に「これも経験のうちだから」と担当させられたのは、名古屋市内にある築50～60年の風呂なし、家賃2万円くらいのアパートの立ち退き業務です。

これはグループ会社の建築営業の一環で、アパートの近隣に大手繊維メーカーの工場があり、そこの閉鎖に伴って跡地を有効活用するためのプロジェクトでした。隣のボロアパートを道路にすることができれば、そこへ商業施設の建築ができ価値が上がるだろうという目論見があり、弁護士同行で住民に立ち退き交渉をしていたのです。

ボロアパートの住民を立ち退かせるには、毎日通って交渉する必要があります。これも非常に大変な仕事でした。ここで私にとって大きな転機がありましたが、この件については後述します。

こうして名古屋には1年半いました。当初は5年以上と言われていたのですが、リーマンショックで市場が悪化し、マンションの在庫が余る状況になりました。

それを販売するための経験者が足りないという理由で、私は急きょ東京本社へ戻ることになりました。名古屋での仕事ははじめは嫌でしたが、立ち退き業務を通じて貴重な学びを得ました。

中抜きし放題!? 不動産業界の暗部を見る

東京に戻ってからは、マンション販売を半年ほど行ったあとに、半年だけ組成した特別チームに所属しました。そこではマンション、戸建ての用地を仕入れる業務をしました。

私は、品川から金沢文庫までのエリアを担当していました。これは本当に大変でした。業務内容は、まず住宅地図を持って空き家・空き地を探して謄本を取得します。それに一軒ずつあたって地元の不動産屋さんへ聞き込みに行き、マンション用地・戸建て用地になりそうなものを物上げ（ぶつあげ）します。靴底がすぐにすり減るような体力的にきつい仕事でした。

それを半年間続けたところでチームは解散し、今度はビル事業部へ異動しました。ビル事業部の業務は、担当するビルの収益の管理です。そしてそれは「ＰＭ（プロパティマネジメント）事業」といいます。都内の駅に直結した商業ビルの運営管理業務なども行っており、その街のランドマーク的な大型ビルを担当しました。

資産管理などを含めて担当するのはAM（アセットマネジメント）というのですが、この事業部では主にPM、あと私はBM（ビルマネジメント）もしていました。

簡単にいうと、その不動産の管理を常駐で行うのと合わせて、収支の計算も自分たちで行います。実務はビルの管理人が行いますが、その管理人の管理もするマネジメント業務です。

実は管理人といっても空調の点検方法、給水管のメンテナンスなどを熟知しているわけではありません。そういった各種点検・手入れをきちんとしているかをチェックするのも私の仕事です。これは大家になっても非常に役立つものでした。

たとえば、管理人が「配管を洗浄したほうがいいですよ」と報告してきたとします。そこで「なぜですか？」と聞けば、「定期的にやっているから」と答えます。

さらに「前回の報告書はありますか？」と確認するとないケースもあるのです。こちらの想定以上にいい加減な状況で、不透明な部分がたくさんありました。

基本的にPMの上にはオーナーがいます。

アパートでいうとオーナーが大家さんで、PMが管理会社の立場です。「オーナーさんは支払いの決断のみ行ってください。あとの細かい作業はこちらがすべて行います。賃料の入金確認から修繕まで任せてください。毎月の収益をみなさんに分配しますから」という流れです。

オーナーは、地権者である金融機関をはじめ大手企業もいます。年間のPM手数料が決まっていますから、オーナーが厳しくないほど、こちらの仕事も楽になります。

大きいビルはだいたい数社で所有しているので年に1回総会があるのですが、それをうまくまとめるのが私たちの仕事です。これがワンオーナーであれが総会は必要なく、そのオーナーに説明すれば終わりです。

そういう意味でも、複数社で所有するビルの総会をまとめることは仲介の世界とはまったく異なり勉強になりました。

ただ、1社だけ厳しい会社がありました。私の会社はそれなりに規模が大きいので信頼度は高いほうだったのですが、投資法人が入るとチェックが厳しくなりました。

ここでいう投資法人は、大手リース会社でした。オーナーのなかには最初いなかったのですが、途中で購入し、オーナーの一員となりました。

すると、これまでと違った厳しさで「あなたたちのPM手数料は高くないですか?」と指摘され、「そんなことないですよ。適正な設定ですから」と答えても、「適正とは何ですか？　工事見積りは何社から取っているのですか？」と切り返されました。実は見積りを1社しか取っていない工事もあったので「面倒なオーナーが入ってきたな」と焦りました。

それまでのオーナーは地元の金融機関などの地権者です。いわば経営者ではなくサラリーマン感覚であり、自分たちの影響で金額や方針が変わるのを嫌がります。要は安定的な収益が得られたらそれでいいのです。そのため、事なかれ主義が大半でした。それが、この法人が来てから状況が一転したのです。

ただ、幸いなことに時間はたくさんあったので、段階を追ってコストをカットしていきました。

上司に説明して「私は4段階くらい用意しておくので、これで10年はもつでしょう」「削減案4段階のうち、第1弾を発射します」という感じです。とにかく削減、削減、削減……の日々でした。

結局相見積りを取ることになりましたが、工事は、いくらでも経費が抜けるんだなと思い知らされました。適当な理由を見繕って1000円の原価が、3万円に跳ね上がるケースも珍しくありません。

また、逆に最初から値引き交渉を前提としている見積りがくることもありました。「この金額に信ぴょう性があるのだろうか?」と疑ってしまいます。見積書がなくても、簡単なものならだいたいの金額はわかりますが、難しいものもあります。

業者が利益を取りすぎてもいけないし、逆にコストカットをしすぎてもいけません。「うちは手を引きます」といわれるとまた探すのに手間なので、とにかくバランスが大切です。これらの経験が今の大家業の礎(いしずえ)となりました。

ちょうどこのころ結婚したこともあり、もう一度『金持ち父さん 貧乏父さん』を読み返して、不動産投資をやろうと決心した時期でもありました(この話はコラムでお伝えします)。

さて、ここまでの仕事で、私の不動産業界におけるキャリアは17年となりました。不動産業界における業務もほとんど経験したことになります。普通はできない破算管財物件の取りまとめやファンド系の仕事も経験できたのでよかったです。

サラリーマン時代にはさまざまな副業にチャレンジしていた私ですが、結局、不動産のプロとしての経験を活かして、不動産投資を行うようになりました。

第1章

世の中、みんな「副業」をしている

給料は増えないし、未来は暗い

メディアなどでもたびたび報じられているとおり、日本人の給与所得はここ10年間、ほぼ横ばいです。

国税庁の民間給与実態調査によると、2018年日本の平均年収は441万円。リーマンショック以前の水準以上のレベルまで回復していますが、当時と比較すると消費税率や保険料が上がっているため、実際に使えるお金はむしろ下がっています。

何より、OECDが公表している先進国の平均年収の上昇率を数値化してみると、フランス、イギリス、アメリカの平均年収が2~3割増えている一方で、日本だけまったく変化がないのです。

こうした日本の平均年収の低さは初任給も同様です。香港やシンガポールなどのアジア諸国と比べても低い水準になっています。

そんななか2019年6月には、経団連の中西宏明会長が次のような発言をして話題になりました。

国名	フランス	ドイツ	イタリア	日本	イギリス	アメリカ
1995年の平均年収	34,180	39,915	32,899	38,994	31,890	45,123
2015年の平均年収	42,455	45,810	35,117	38,660	42,304	59,691
平均年収の上昇率	24%	15%	7%	-1%	33%	32%

引用:http://yujilabo.com/2017/07/464

「終身雇用を前提に企業運営、事業活動を考えることには限界がきている。外部環境の変化に伴い、就職した時点と同じ事業がずっと継続するとは考えにくい。働き手がこれまで従事していた仕事がなくなるという現実に直面している。そこで、経営層も従業員も、職種転換に取り組み、社内外での活躍の場を模索して就労の継続に努めている。利益が上がらない事業で無理に雇用維持することは、従業員にとっても不幸であり、早く踏ん切りをつけて、今とは違うビジネスに挑戦することが重要である」

(5月7日定例記者会見、経団連発表)

この発言は、日本人が今まで抱いていた(そして薄々気付いていた)「終身雇用制度の崩壊」を意味しており、会社に依存するのではなく一人ひとりが稼ぐ力を身につけなければならない、そんな認識を多くの人が持つことになりました。

それをさらに印象付けるかのように多くの会社で副業規定が緩和され、本業以外での収入を得る人もかつてと比べて大きく増えていきました。

では、具体的にどんな副業が人気を博しているのでしょうか。代表的なものをいくつか見ていきましょう。

物販（ヤフオク、メルカリ）

安く買って、高く売る。これが物販の収益構造です。

2020年春、新型コロナウイルスの影響を受けて、マスク、トイレットペーパー、アルコール、米などの買い占め・転売が問題になりました。これらは倫理的な問題を含んでいますが、「安く買って、高く売る」という意味では、物販の典型例ともいえます。

安く仕入れる方法はさまざまです。たとえば、海外から安く仕入れて日本人向けに利益を乗せて販売します。その逆で、日本では安価なものを海外のサイトを通じて高く販売するわけです。

物販を行うときによく使われるサイトといえば、ヤフオク（ヤフーオークション）とメルカリでしょう。

私自身の経験をお話しすると、10年ほど前に物販をして収入を得ていた時期がありました。きっかけは「物販ならすぐできる」と思ったからです。実際、コミュニケーションスキルは不要で、メールのやりとりだけで完結できます。

私が売っていたものの一つは書籍です。当時、いろいろなセミナーに参加していたのですが、参加すると無料で書籍がもらえるときもありました。何回かそんな会社のセミナーに参加していくと、どんどん本が増えていきます。それを売ることにしました。
するると、1500円の新品の書籍が半額で売れました。送料は購入者負担で100円程度。そのころ、まだヤマト運輸のメール便（安価な配送サービス）があったので助かりました。

本に関していうと特定の付録付きの雑誌やムックなどが人気で、売り切れになると定価の3倍以上の値段が付く場合もあります。

また、「森伊蔵」というプレミア焼酎も転売していたことがあります。当時は森伊蔵は転売したら必ず儲かるといわれており、そうした商品を集約したリストも当時は持っていました。

ただ、物販では商品を取り置きしておかなければなりません。つまり、在庫リスクがあります。

物販の面白いところは、一見価値のないものにもお金を払う人がいるということです。

例をあげるとメルカリで、牛乳パックやトイレットペーパーの芯がまとめて売られていることがあります。これは、「小学校でイベントや授業で使うので、まとまった

SHOP

量を持ってくるように」と突然に求められたときのニーズに応えるものです。子どもに「来週、学校の図工の授業で必要なんだ！」と催促されてもすぐに用意できるものではありませんが、メルカリなどで購入すれば1、2日で届きます。

そのほか、近年ではメルカリで「お金（現金）」を商品として売る人が現れました（現在は厳しく取り締まられています）。

これはクレジットカードで現金化するスキームと同じで、「現金はないけれど、クレジットカードならある」という層を対象にしたものでした。露骨に「現金」として販売はできないので、お札で鶴などを折って置物として販売されていました。

つい最近の話では、ヤフオクなどネットオークションで、マスクの高額転売禁止ルールを回避するため、ホチキス針に見せかけたマスクの「替え玉出品」が問題となりました。

これは表向き「ホチキス針」の販売ですが、おまけとして「マスクがついてくる」という売り方です。通常、１００円程度のホチキス針に1万円を超える不自然な値段が付いていることで露呈しました。

このようにハードルが低く、はじめやすいのが物販の利点ですが、単価が低くなりがちなので薄利多売のモデルともいえます。

また、「コミュニケーションスキルは不要」と書きましたが、メルカリだと購入者と直接交渉ができるため、やりとりが細かくなるケースがあります。口コミ評価もありますので、雑な対応をするわけにもいきません。そう考えると、顧客志向的な行動が求められるともいえます。

物販をする方法は、他にもアマゾンがあり、アマゾンの倉庫からの発送システムがあり手間がかかりませんが、最初にある程度の資金が必要となり、ハードルは高いようです。初心者にとっては、やはりヤフオクかメルカリが主流でしょう。

気軽にはじめるのなら、ハワイや北欧などのブランドのアイテムで日本未発売のものを免税で買ってきて売るだけで、航空代金程度の利益はすぐに得られます。

はじめる際には、まずメルカリや大手チケットショップの大黒屋などで相場を調べます。そこで利益が出る価格を把握したうえで、商品を仕入れればいいのです。

おすすめはバッグや時計はもちろん、ベビーグッズなどのブランド品です。ブランド品は時が経つにつれて希少価値が上がるものも少なくありません。

注意点として、物販は前述したとおり置き場所の確保をしなければならず、発送の手間もかかるため規模拡大を考えると、最終的に外注を雇う必要が出てきます。その際、スタッフにノウハウを教えて独立されてしまうと元も子もないので、うまくマネジメントする必要があります。

また万が一、需要と供給のバランスを間違えると、在庫を抱えてしまうなどのリスクが生じます。たとえば、この原稿を執筆時には、マスク転売や消毒液で儲けていた人が売れなくなって困っています。

いずれにせよ、物販で真剣に利益を得たいと考えるのなら、事業として取り組む必要があります。

クラウドファンディング

在庫を抱えないで物販をする……そのようなやり方の副業に「クラウドファンディング」という選択肢もあります。

クラウドファンディングとは、群衆と資金調達を組み合わせた造語で、インターネットを介して、不特定多数の人々から少額ずつ資金協力を得られます。アメリカが発祥で、日本には2011年ごろからスタートしたそうです。

具体的には「古民家を改装してコミュニティスペースを作る」などといった、共感のできるプロジェクトに対して支援ができる仕組みです。

本来の資金調達といえば、金融機関から融資を受けることが一般的で、そのための要件があり審査もありますが、クラウドファンディングでは、そこまで厳しい条件もなく手軽に行えるため、新たな資金調達の手段として人気を集めています。

なお、クラウドファンディングには、「寄付型」「購入型」「融資型」「株式型」「ファンド型」といった5つの種類があり、自治体が行う「ふるさと納税型」のクラウドファンディングもあります。

たとえば、「日本で未発売のイタリアのバッグを15万円で売ります。１００人以上申し込みが入れば実現できます」とクラウドファンディングのプラットフォームで告知します。

そして実際に１００人集まれば、１００個のバックを輸入すればいいのですから、在庫を抱えるリスクがなくなります。

株とFX

私は株、ＦＸの経験もあります。

株に関していうと、「四季報」を読み込んで上がると予想した株を保有したり、空売りを仕掛けたりしました。

ただ、売ったり買ったりを頻繁にしなければならないので、〝決断疲れ〟があります。長期投資という手法もありますが、スピーディに資産形成ができるわけではありません。

また、たとえば近年はトランプ大統領や経済の要人のひと言で、一気に乱高下するので気が休まらないこともあるでしょう。常にチェックしなくてはいけないのは、少なくとも私にとっては煩わしいことです。

人に運用を任せる手段もありますが、あまり成功したケースを見た記憶がありません。

昨今は自動売買ソフトによる運用も増えてきていますが、ここ10年見ていると、常に儲かっているような話はあまり耳にしないのです。

その理由は、突発的なニュースに自動売買ソフトは対応できないからだと考えられます。

株もＦＸも、売り買いを頻繁に繰り返さなければキャピタルゲイン（利益）が出ないという共通点があります。つまり、売買しないと利益が確定しないわけです。

もちろん株だったら配当、ＦＸだったら金利スワップといったインカムゲインもありますが、よほど巨額の投資をしていないと、安定的な収入は得られません。

余剰資金の使い道としてはいいかもしれませんが、初心者が多額のお金をメインで動かす投資先としてふさわしいのかは懐疑的です。

株でもＦＸでもレバレッジを効かせて投資することも可能で、場合によっては何倍もの儲けが出るケースもあります。

しかし、その分リスクも大きく、一度の失敗で大ダメージを負う可能性もあります。

ネットワークビジネス

ネットワークビジネスに関しては、有名な「N」に代理店登録してかかわっていた経験があります。

代理店登録するためには20万円程度の初期費用がかかりますが、「商品の仕入れが安くなる初期費用を経費化できる、アフィリエイター登録ができる、売るためのノウハウやリーダーシップを学べる」と知人にすすめられ、「それだけメリットがあるのなら」と代理店登録をしました。

私が取り扱っていたのは、主に健康食品と洗剤です。そのほか、健康に良い水などもありました。

商品の売り先（新しい仲間）は、新規で見つけなければなりません。私は当時mｉｘｉグループなどから見つけようとしたのですが、あまり気乗りしなかったため成果も出せませんでした。結局、1年ほどでネットワークビジネスはやめました。

ネットワークビジネスでは、電話やメールで積極的に営業し、かつ上下関係がはっきりしているので、リーダーからの熱意あるアドバイスを受けることになります。

私のときも、自分の上には3段階くらい役職があり組織化されていました。

そのネットワークビジネスのモデルは、たとえば私が新しい人を勧誘して入会に成功すれば20万円の2、3割が私の収入になります。さらに私が入会させた人が勧誘活動をして入会が決まれば、私にも数%のお金が入ります。

ネットワークビジネスを通じて私が学んだのは、コミュニケーションスキルとリーダーシップです。実は、『金持ち父さん 貧乏父さん』の著者は「ネットワークビジネスのすすめ」という本を書いていますが、たしかに約1年という短い期間でしたが、学べたことはそれなりにあったと思います。

ただ、新規の営業はなかなかしんどいものです。実際、営業力のない人は友人や身内にアプローチしてしまい、信頼を失うケースがよくあります。

それに何より、私の場合はその仕組みにうんざりしていました。

ランクによって売上目標があるのですが、上にいけばいくほど、下が売った利益も手にすることができるようになります。つまり売上利権が広がるわけです。

当時、なんとか上のランクを維持しようと、仕方なく自分で商品を購入してヤフオクで売っている人もいました。

上のランクを維持すると、住居費や海外への渡航費、場合によっては車がもらえます。自分で買って自社の商品をオークションなどで売ると、ほぼ儲けは出ないわけですが、それでも自身のメンツとプライドのために頑張っている人が多くいました。

そうした実態を知って、私は「自分には無理だな」と判断しました。新規会員を取り続け、かつ既存会員の管理やモチベーションアップをし続けなければならないので、合っている人にはいいのかもしれませんが、自分には適していないと感じたのです。

ちなみに、運営会社が破産した場合、組織ピラミッドはそのまま他のネットワークビジネスに移ります。たとえば、100人の会員を下に持つ人は、どこの誰の下につくかを決めることができます。

すると、もともとトップにいた人は一気に100人の会員が増えますから、当然大きな儲けを得られ、一気に巨大利権になるわけです。

そうなると黙っていてもお金が入ってきますから、そのトップは仕事をしなくなります。結果、それが争いを引き起こすこともあるようです。

私はネットワークビジネスで大儲けしている人を何人か知っていますが、いずれも天才的な営業力、リーダーシップがある人たちです。ネットワークビジネス以外の世界でも、きっと一流になれた人だと思います。

そういう人はおそらく1万人に1人という才能を持ち合わせているため、それ以外の大多数の人が実現できるものではありません。つまり、再現性が低く稼ぎにくいと考えられます。

アフィリエイト

次は人気の副業として、アフィリエイトが挙げられます。未経験であっても言葉だけは聞いたことがある人も多いでしょう。改めて説明すると、インターネットにおける「成果報酬型の広告」です。

簡単にいえばユーザーがアフィリエイト広告をクリックして商品を購入したら、サイトの運営者に報酬が支払われる仕組みです。

アフィリエイトの成果報酬には、このように商品が売れたときに報酬が得られる「成果報酬型」と、広告がクリックされることによって報酬が得られる「クリック報酬型」

もあります。

いずれにしてもアフィリエイトは手数料収入であり、「この人が紹介しているのだったら買ってみよう」または「クリックしてみよう」と思わせる文章力が求められます。はじめるのはとても簡単で、無料のブログなどでスタートできます。

そこにアフィリエイトリンクを貼るのが一般的です。なかには、特定の商品やサービスに特化したホームページを作り、そこに関連リンクを貼って手数料収入を稼ぐ方法もあります。

金額が高いのはゴルフや美容などの高級商品、保険や不動産投資セミナーなどです。ある不動産投資セミナーは2時間の面接が必須で、それは1件あたり2万円のアフィリエイト収入になるものもありました。

私の場合、自分が関心のある商品を紹介しているブログを参考に、いくつか変更点を加えました。

そして、検索上位に自分のブログがヒットしないとアフィリエイトの効果は期待できないので、どうすれば上位に出るのかグーグルアナリティクスを使ったSEO対策についても研究しました。

アフィリエイトでは前述したようにライティングスキルも求められます。

より具体的にいうと、「知識を与える文章力」というよりも「感情を揺さぶる文章力」です。淡々と情報を伝えるのではなく、どういうストーリーがあって、その商品やサービスを使うと、どのような変化があるのかを魅力的に書かなければならないのです。

２０１７年のＷＥＬＱ問題から始まり、大きな騒動になったＤｅＮＡコピペメディア騒動以降、厳格化が進み、それまでのようないい加減に作った記事でアクセス数を稼ぐのも難しくなりました。

そうなると独自性のある文章が求められるわけですが、それは簡単ではありません。書くこと自体が好きだったり、Ｔｗｉｔｔｅｒ（ツイッター）やブログで日々発信している人なら別ですが、アフィリエイトが目的だけの人が試行錯誤をしながら、ライティングスキルを磨くのは簡単ではないでしょう。

そして近年は、ＳＮＳでの情報発信が珍しくなくなっているので、とくに短文で惹きつける文章力を持ち合わせた人が増えています。そのため、これからは競争が激しくなって、以前よりも稼ぐのが難しくなっていくと予測します。

最後にアフィリエイトは、グーグルやヤフーなどの検索エンジンありきのビジネスモデルです。したがって、これらが上位表示の基準を変えたりすると、それまでトップでヒットしていたものがしなくなったりして、収入が激減するリスクもあります。

物販も同様で、Ａｍａｚｏｎや楽天といったプラットフォームに依存せざるを得ないわけですが、仕組みやルールが変わると状況が一変します。

これまではAというルールのもと、その条件をクリアするために改善していたことがルールBに変わり、努力が水の泡になってしまうケースがあるようです。

このようにアフィリエイトは参入障壁が低い分、ライバルも多くいます。勉強し続ける、改善し続けなければ、安定した収入を得るのは難しいでしょう。

YouTuberをはじめとしたインフルエンサー

インフルエンサーになることができれば、自身の影響力を武器にしてさまざまな稼ぎ方ができるでしょう。

一般に、Instagram、Twitter、TikTok、YouTubeなどで商業的に活動できるフォロワー（登録者）の基準は10万人といわれています。この基準を超えると、「この商品を紹介していただければ、1個あたり○○円の報酬があります」などといった企業案件が来るようになります。

また、自身で商品やサービスを開発して販売してもいいでしょうし、もちろんアフィリエイトという選択肢もあります。

とくに昨今話題の「YouTuber」は、月収1000万円も稼いだことがあるキメラゴンという中学生が出てきているほどです。それくらいキャラが立ってファンがつけば、お金を稼げる可能性があります。

最近では芸能人でもYouTubeの参戦が増えており、5Gの機能も考えると、今後、動画ビジネスの勢いはさらに加速していくと考えられます。

もっとも拡散できるのはTwitterといわれており、たとえばYouTubeで動画を投稿したあとにTwitterを連動させると周知されやすいそうです。

ただ、インフルエンサーというのは良くも悪くも影響力が関わってきます。一度でも炎上してしまうと、取り返しのつかない事態になりかねません。

今後は競合も増えてくることも考えれば、場合によってはより過激な方向に行かないと注目されなくなる可能性もあります。実際、すでに一部の迷惑系YouTuberは逮捕されてニュースになっています。

そして何より、インフルエンサーは時代とともに変わっていくものであり、ずっと人気者でいられるわけではありません。

浮き沈みも激しいですし、常にライバルの存在に怯えなければなりません。いくら一時的に人気が出たとしても、永続的に視聴者から求められる保証はどこにもないわけです。

たとえば、小学生や中学生をブランドにして人気を集めているインフルエンサーが長期的に続けるのは難しいでしょう。人によっては、うまく成長とともに売り出しポイントを変えていけるかもしれませんが、それはごく一部です。

「女子高生社長」「年収○千万円の高校生」「○○で歴史を変えた小学生」など、たしかにわかりやすいキャッチコピーではありますが、その後もずっと同じように露出できている人はほぼいないと思います。人気商売なので一時的な勢いを求める理由もわかりますが、長期的にはやはり厳しいといえるのではないでしょうか。

ただ、顔を出さないでSNSを使って情報発信をして副業につなげるのであれば、実生活にかかる影響は少ないでしょうし、本業があるので基本はその収入で食べていけるはずです。

そういう意味で、副業としてのインフルエンサーを目指すのであれば、リスクを抑えられるのでいいとは思います。

YouTubeは一般人が有名になれるという意味で、夢があるプラットフォームです。動画が大ヒットすれば収入は急増し、テレビ業界にも参入できて周りからもチヤホヤされます。

しかし繰り返しになりますが、長期的には収入を維持しにくいビジネスです。また、運や個人の才能も大きく関係しているため、再現性は低いといえるでしょう。

一般人には美味しい情報はこない

「副業」というキーワードを検索していると、「楽して儲かる情報をあなただけに教えます！」と、一見美味しそうな話をよく見かけます。

一度でも問合せを入れてしまうと、それこそ、お金儲け系のスパムメールが山ほど届くことでしょう。

そうした儲け話には絶対に乗ってはいけません。

私はこれまでたくさんのお金持ちに会ってきましたが、株やＦＸ、ＹｏｕＴｕｂｅｒ、アフィリエイターなどでお金持ちになって、時間とお金に余裕がある人をあまり見たことがありません。だいたい一過性、数年でいなくなる人が多かったです。

一方で大家さん、コンサル業、株やＦＸの売買ツールの販売などで稼ぎ続けている人はたくさん見ています。

そもそも投資の初心者を相手にビジネスをしている時点で、資本を持ったベテラン層や企業からは見向きもされない商品（サービス）であることがわかります。

これはネットワークビジネスも同様で、親元が大きく儲かるだけのビジネスです。一般人の手元に来る情報はジャンクであり、一見良さそうな情報に見えても、実際にそれで儲けている人はほぼいない、と考えて間違いありません。

考えてみてください。

知識や資産を持ち合わせていない一般人が、そんな儲かる情報がネット上で簡単に手にできるものでしょうか。そんなわけはありません。本当に儲かる情報は信頼できる人から口頭で来るものです。

私は一般人が比較的容易に金持ちになれるのは不動産投資だけだと考えています。同じコミュニティであっても、不動産投資はその意味が異なります。

株やFXの場合、そのコミュニティで推奨された銘柄や通貨をみんなで購入するわけですが、もし失敗した場合、投資金額が異なるものの、みんな損害を受けることに変わりはありません。

しかし不動産は一つとして同じものがないため、Aさん、Bさん、Cさんがいたとしたら、それぞれが違う条件の物件を購入します。

そのため、個別の事情や悩み、運営における有益な情報を共有し合えば全員が儲けられる可能性も十分にあります。

たとえば、Aさんが依頼したプロパンガス会社がとても良いサービスをしてくれたとします。

Aさんはそれを B さんや C さんに共有したとしても、Aさんの利益が減るわけではありません。むしろ、そのプロパンガス会社から感謝をされたり、紹介料をもらえたり、次回発注時に割引きしてもらえる可能性もあります。つまり、全員が幸せになる解決策があるのです。

次章からは、不動産投資が「なぜサラリーマン投資家にとって最適な副業なのか」を具体的に解説しましょう。

きっかけは実家の相続トラブル！不動産投資をはじめたワケ

私が不動産投資をはじめたきっかけをお伝えするにあたり、そもそもどうして不動産投資を知ったのか？　についてお話ししたいと思います。

ことの発端は２００１年７月、私が大学４年生のときです。

前述したアルバイトに明け暮れていた日々から就職活動に転じ就職が決まったタイミングです。

毎月の仕送りが急に来なくなりました。

ただ、私はこれまでの学生時代のバイトで稼いだ数十万円の貯金があったので、そこまで生活は苦しくなりませんでした。

それでも仕送りが止まり続けるのは困ります。「何かおかしいぞ」と勘ぐり、実家に電話をしたところ、父からは「お金がない」の一点張り。そこで時給８００円のパートをしている母から仕送りをしてもらうのですが、本当に申し訳なく思っていました。

その後、２００１年11月に祖父が亡く

なり、さらにその数年後、シビアな現実を突きつけられます。

もともと実家の所有している不動産は規模が大きかったのですが、父の経営能力が低いため、空室が多くてキャッシュフローがきちんと出ていません。そこに姉や私の私立大学の学費が重なり、家計は厳しい状況だったようです。

2代目大家の父に賃貸経営のノウハウはなく、これでは情報を握っている不動産屋の言いなりになりがちです。

よくあるケースは管理会社の提案を受けて、そのまま高い修繕をしてしまう。管理会社に空室を埋めてほしいと頼めば「家賃が高すぎる」と断られる……そんなイメージです。

実家が本格的にまずい状況に陥っていることに気づいたのは、私が社会人2年目のときです。祖父が亡くなってから徐々にトラブルが増えていきました。

そのきっかけは役所や金融機関からかかってくる電話に父が出ないからです。税金の滞納、税理士への報酬の未払いなど、当時はどこからの電話かわかりませんでしたが、それはあとから知りました。

ついに実家の家計が崩壊

実家の家計が崩壊したのは社会人5年目、祖父が亡くなって6年が経とうとしていました。

自主管理をしている所有物件はどれも空室率が高かったため、私が「管理会社に任せたほうがいいよ」と説得して、なんとか自主管理から管理委託に切り替えました。

そして、管理会社に謄本を調べてもらったところ、ほとんどの物件に抵当権が入っていることが発覚しました。

抵当権の先を調べると、第2抵当、第3抵当まで入っている物件もあったのです。まさに数珠つなぎの借金で驚きました。

こうして実家の財産はすべてわかったのですが、借金も莫大にあることがわかりました。

融資を受けている金融機関も都銀、地銀、信金など10行くらいありました。すべてが延滞だったわけではありませんが、支払う順番もあったようです。

また、少しでも借金を払っていると督促されなかったため、少額だけ返済している借入先もありました。その資金繰りをなんとか1人でやりくりしていたのです。

つまり、父は無責任に放置していたわけではなかったのです。もちろん、ここまで追い込まれる前に、どうしてしかるべきところへ相談しなかったのかと悔やみましたが、父なりに努力もしていたことを知りました。

それでも建物はほぼすべてボロボロ。父にも修繕はできたはずですが、年齢を重ねて気力が衰え、面倒に感じ行動できなかったようです。

実家の窮地を救うために

その状況を知った私がまず取りかかったのは、不動産と借入れ状況をひもづけて把握する作業です。父は全体像を理解していなかったため、不動産会社に依頼をしてマトリックス表を作成してもらいました。これが2006年のことです。

資産を整理する順番を決めるのですが、当然その間も利息は発生します。当時、私は28歳でしたが、言葉では言い尽くせないほどストレスを感じました。

私はどうしてこんな事態になってしまったのかを考えました。土地を持っているからそこに建物を建てただけなのに、なぜこんなに損をしているのか？

結論として、普通の人なら持たざるモノですので、必死になって土地建物を安く仕入れる方法を考えます。しかし、すでに土地を持っている父は考え方がザルだったのです。

そこまで深く考えなくても、ほかに資産があるため精査が甘くなってしまいます。つまり、投資家の目線ではありません。

月々の支払いは利息だけでなんと月100万円を超えていました。1億4000万円～1億6000万円に対しての延滞税です。支払遅延で一括請求されましたが、もちろん、一括で払えません。このままでは競売になります。

そのときになって私がはじめて連絡を父から受けました。どうやら競売の開始が決まると、金融機関はその情報を手に入れるようです。

両親はすでに思考が停止していました。父は負債と資産のマトリックス表ができるまで、ことの重大さを理解していないようでした。駐車場・店舗・オフィスビル・アパート・農地など、不動産の数があまりに多すぎて整理ができていなかったのです。

最盛期で資産が10億円程度ですから、本来であれば個人ではなく家族でかかわって、切り盛りしなければいけない事業規模なのに、父が1人だけで抱え込んでいる状況でした。

まわりの人に相談すると、「財産を把握されすべて持っていかれてしまう」という思考だったのか、誰にも相談できなかったのです。アルバイトは雇っていたものの、本質はあまり理解していないようでした。

競売にかけられる前になんとか売らなければならない……。

正確にいうと、開札前であれば取り下げられます。タイムリミットは決まっていましたから、必死に行動するしか方法はありません。最初の2件は開札ギリギリに売れました。そこで現金が入ったので、借金を返済することで抵当権を外してもらえました。

延滞利息は月100万円を超えていま

した。当時の私の会社員としての月収が30万円でしたので、まったく生きている感じがしなかったです。弁護士や税理士と協力しながら順番に物件を売っていき、成功報酬を彼らに支払いました。結果的に、所有物件はほぼ売りました。

そのころ、父の精神状態はほぼ限界まできていました。金融機関からも「まともな神経を持っていたら首を吊りますよ」と心配されたほどです。それに対して父は立派に耐え抜きました。

私は、昔から父がどういうことを考えていたのかわかりません。しかし、非常に落ち込んでいたのは間違いなかったです。

私自身も自分を責めました。家の状況をもっと把握し、早いうちから勉強をしていれば、10億円を失わずにすみました。宅建の資格を保有し不動産業界に勤めていたのだから、いくらでも対策の打ちようがあったはず……と考え、悔やむ日々が続きました。

こうして実家の問題も3年ほどすると落ち着きました。すでに父の財産はもうほとんどないので身軽になっています。

打ち砕かれたサラリーマン思考

実家の問題が片づいてきたころ、私は不動産の営業である程度の数字を出していましたが、このまま続けることに対して疑問を持っていました。

ちょうど転勤で名古屋にいるとき、ネットワークビジネスなども学び、不労所得に関心が高まっていました。そのタイミングで『金持ち父さん 貧乏父さん』をもう一度読み直しました。

また、このとき普段では出会わない考え方を持つ人たちに、たくさん会うことができました。

とくに弁護士同行でのアパート立ち退き業務の際、かかわったその住人たちを見て、私の価値観が変わりました。

私が時間に拘束され、毎日汗水流して働いている一方で、生活保護で最低限の生活をしている人たちは、パチンコに行ったり昼間からお酒を飲んだりして、少なくとも不幸には見えませんでした。

なかには包丁を突き立てて圧力をかけてくる人、被害妄想が強く何を言っても「弁護士と相談する」を繰り返す人もいました。また、元不動産屋で80代の男性に立ち退いてもらう際には、引越し先を見つけるのに非常に苦労しました。

このように立ち退いてもらうには、毎日1、2時間くらい説得するのはもちろん、入居者の話も聞いて関係性を築かなければなりません。

少数ですが立ち退き料もこちらの言い値で承諾し、次の家を探し、すんなり出ていってくれる人もいましたが、実はこういう人ほど立ち退き料が一番安い傾向にあります。逆にパチンコ好きな生活保護受給者は、少しでも多くのお金をもらおうと交渉してきました。

このとき、私は確信しました。実直で真面目で性格がいい人ほど損をしている、と。

結局、20戸中、10戸は埋まっていたので、すべて立ち退きを完了するのに9か月くらいかかりました。手間がかかる人ほど厚待遇を受け、真面目な人なのに損をしているケースを目の当たりにして、私は考え方を改めました。

不動産の世界では、だまされないためにすべてを疑う必要があります。「知らない人が悪い」という世界なのです。このとき、まだ投資のマインドはありませんでしたが、「無知における損失は大きい」と感じたのです。

もちろん、この考えには前述した実家のトラブルも影響しています。会社員であれば言い訳ができます。「会社のせい」「クライアントのせい」「上司のせい」など、何かの「せい」にできます。

しかし事業者の場合は、すべて責任は自分でとる必要があります。そういうことを学んでいくうちに、自分のなかのサラリーマン思考がこわれていきました。

序章に話が重複しますが、その後は東京に戻り、都内のビルの商業ビルの現場事務所に転勤になりました。その部署には社員が3人くらいしかおらず、定時であがれる状況でした。「ここにいる間に絶対に独立するんだ！」と気合いを入れ、あらゆる副業に取り組みました。

名古屋にいるときは異業種交流会にも積極的に参加していました。不動産・FX・株を中心に、保険や店舗経営なども学びました。

都内に移って時間ができたので、また本格的に学習をはじめました。

まだ何に投資をするかは決めていなかったので、副業について体系的に学べるスクールの不動産・株・FXの講座を受けて、どの投資が自分に合うのかも検討しました。

結局、不動産の相場が落ちていること、不動産の知識も経験も備わっていて、かつ実家の件もあったことから、不動産投資に集中することに決めたのです。

そこから物件を購入するまでに1年くらいかかっています。以降も本業が忙しかったこともあり、年に1棟のペースで拡大していきました。

そして10年をかけて副業を育て2019年、17年間のサラリーマン生活に終止符を打ったのです。

第2章

副業に不動産投資がおすすめなワケ

理由01

副業にはストックビジネスが最適だから

第1章では、副業の種類とその特徴について解説しました。第2章ではそれを踏まえ、なぜ不動産投資が一番おすすめなのかを説明したいと思います。

まず副業を検討する際に重要なのは、そのビジネスが「フロービジネスなのか」「ストックビジネスなのか」を考えることです。

フロービジネスとは、その都度の取引で収入を作るスタイルです。フロービジネスは取引が「一度きり」が多いため、継続的な利益は得られにくいです。

たとえば、物販がそれにあたります。基本的に毎回違う相手と都度交渉してビジネスを行うため、典型的なフロービジネスといえます。

メリットとしては敷居が低く少ない元手でもできるため、ストックビジネスと比較すると、展開してから早い段階で売上を得られる可能性が高いです。

一方、ストックビジネスの場合は、一度スタートすれば継続した収入が見込めます。

不動産投資の場合でいうと、1戸買ったらそこからの家賃収入が継続して入ってきます。一時的には空室になるかもしれませんが、入居者がいれば収入は安定的に入ってきます。

つまり物件を買い増していくことで、積み上げていきやすいビジネスといえます。自転車をこいだ勢いと同じように、最初だけ頑張ると、その後は何もしなくても進んでいくようになるのです。

物件を買う、リフォームをする、入居募集をするためには労力が必要ですが、いったん入居が決まってしまえば、何もやることがないのもメリットといえるでしょう。

そう考えると、ウォーターサーバーもストックビジネスの一つといえます。水は人間が生きていくには欠かせないモノなので需要がゼロになることはありません。一度契約をすれば、毎月一定数のオーダーが来ます。

しかし同じ水でも店頭で普通に販売していたら、それはストックビジネスではなくフロービジネスです。

副業の条件としては、「本業をしながらできる」ことが挙げられます。ですから、フロービジネスよりもストックビジネスが向いています。

ただしストックビジネスの場合、スタートダッシュはフロービジネスよりも大変です。準備も必要ですし、仕組み化に時間がかかるデメリットがあります。

不動産投資なら前述したように、物件を買って入居者を付けなければなりませんし、フランチャイズなら仕組みを作ってお客さんを引き寄せる必要があります。会員制のコミュニティでも箱となる仕組みを作って、集客をしていかなければなりません。

しかし、一度でも収益の上がる仕組みができあがれば、運営しているだけで安定的な収入が入るようになります。

フロービジネスだと、「今日は5万円儲かったけれど、明日は1万円かもしれない」という不安定さがつきものですが、ストックビジネスにはそれがありません。

このようなことから、ストックビジネスとは「売上予測が立ちやすいビジネス」だといえます。

加えて不動産投資の場合、ストックビジネスであるのはもちろん、外注化の仕組みがすでにできあがっています（外注化の仕組みについては本章の「理由08」で紹介します）。

そもそも不動産投資をしている人＝大家さんのなかには、「高齢者」や「欲しくもなかったのにアパートなどを相続して仕方なくしている人」も珍しくありません。

そうした人たちでも収益を得られるくらい、わかりやすいビジネスモデルです。さらにいえば、そうした人たちがライバルであれば楽に勝てると思えませんか？


お金持ちはすべからく不動産を購入しています。

その理由は経済変動に強く、手間がかからないストックビジネスだからです。株取引やアフィリエイトを副業にしている人はいるかもしれませんが、それを本業にしてお金持ちになっている人は多くありません。

不動産の場合は副業にも本業にもできますが、まずは副業からスタートさせて、自分に適性があると判断したら、ゆくゆくは私のように本業にするのも良いでしょう。

それっ
それっ

理由02 リスクヘッジがしやすい！

不動産投資はストックビジネスなので、安定的に収入が入ってくるのがメリットの一つです。家賃収入においては滞納を不安に思う人もいますが、家賃保証会社を付ければ滞納リスクもありません。

戸建てや区分マンションの場合は退去されると、その物件の収入は一時的にゼロになります。しかし退去は「1か月前」という予告があり、その期間で募集を開始したり、リフォームを考慮したりと、考えなくてはいけない作業が決まっています。

パンデミックや天災などのリスクはありますが、物件を複数持てばリスクヘッジができます。

また、不動産投資の特徴は「保証・保険」がある点です。入居者の家賃滞納から火事や地震、台風に対してはもちろん保険があります。さらには入居者が自殺してしまった場合の保証・保険もあります。

初心者が融資を組んでの物件購入を本書ではすすめませんが、団体信用生命保険（団信）というローンに対する保険もあります。このように不動産投資においては、保障・保険が充実していることも特徴になります。

賃貸経営というビジネスは、あらゆるリスクに対してヘッジできる方法が確立しているため、ビジネスのなかでも経営の難易度はもっとも低いともいえます。

ただし、ここでいう「経営の難易度が低い」とは、店舗やオフィスなどの商業系ではなく主に住居系を指します。安定という意味では、住宅系の賃貸経営がもっともおすすめです。オフィスや店舗では市況の影響を受けやすく、交渉が難しかったり、地震保険に入れないケースもあります。

しかし、商業系の場合はスケルトン貸し（内装がない状態）ができるので、交渉次第では原状回復が不要な場合もあります。オフィスなら水回りが少ないので、1室作るための費用が少なく済みます。

私が不動産会社に勤めてビル事業部にいたときは、仕切りなし、天井と床をつけてOAフロアにして商品化していました。

ビルは立地が良ければ、内装費用を1円もかけずに貸すこともあります。交渉次第ではありますが、居抜き物件（元の店舗が使っていたままの状態で貸すこと）なら、残置物がある状態のままで貸すケースさえあります。

住居系の不動産であれば、素人であっても予測がつくのがほとんどですが、商業系の物件になると専門知識が必要だったり、交渉テクニックが求められたりするので初心者にはおすすめできません。知識がない人が行うと、大きなトラブルに発展するリスクもあります。

また、今回のコロナショックの影響で、テナントやオフィスビルなどの需要は大きく減っていくでしょう。今後、日本では大震災も高確率で起こる可能性がありますから、商業系となると、あらゆるリスク想定が必要です。

そんなときでも、住居系であれば需要が大きく損なわれません。

このような理由から初心者には圧倒的に住居系をおすすめしますが、ハイリスク・ハイリターンの投資ができる中・上級者になったら、商業系に投資されるのもいいかと思います。

さらに、不動産投資は規模が拡大しやすく、所有物件の母数が増えるほど経営が安定していきます。1戸目のときは「All or Nothing」、つまり満室か空室しかありませんが、数が増えるほどリスクが減っていきます。

たとえば、ばらばらなエリアに戸建てを10戸所有すれば、すべてが空室になったり、すべてが災害に見舞われたりする可能性は少なくなります。

いくつかダメージを受けても、ほかの物件で補てんできます。


なおかつ規模が大きくなるといっても、オーナーの手間が増えるわけではありません。物件の管理は管理会社、リフォームはリフォーム業者、物件を買うときは売買仲介会社といった具合に任せる相手が決まっているので、オーナーは意思決定するだけでいいのです。

実際、私は現在約65戸を所有していますが、30～40戸くらいまでは一人で十分に運営ができました。

もちろん外注は必須ではなく、時間に余裕のある方であれば管理は自分で対応してもいいでしょう。その判断もすべてオーナー側にあります。

自分でやるのか、それとも外に任せてしまうのか、それを選択できる権利があるのも不動産投資の魅力といえるでしょう。

理由03 「大家業」は歴史のあるビジネス

大手企業の多くは不動産を所有し運営しています。なぜでしょうか。

その理由はシンプルで、「運営しやすく、経済変化に強く、利益が出やすいから」です。大手の会社は有事に備えて不動産を買い、賃料収入を得ているものです。

不動産投資のリスクで「人口減少」「空き家の増加」を唱える人もいますが、人が減っても世帯数が増えている現実をご存じでしょうか。

近年は結婚しない人も増えていますし、一人っ子世帯もたくさんいます。しかも結婚した人の3分の1は離婚をしている時代です。高度成長期と比べると、人口に対する世帯の割合が高くなっているのです。

考えてもみてください。結婚して夫婦になれば2人で1世帯ですが、未婚のままであれば2世帯です。人口が減る＝住居の数が減るという方程式は成り立たないのです。日本は超高齢化の時代を迎えており、生まれる人よりも亡くなる人のほうが多いのは事実です。それでも限界集落を除けば、いきなり人口がゼロにはなりません。

今なら賃貸経営をしている人は「オーナー」「投資家」「サラリーマン大家」などと呼ばれますが、昔ながらの「大家さん（地主）」という言葉を聞くと、「お金持ち」のイメージを抱く人も多いのではないでしょうか。

はるか昔から「大家さん（地主）＝お金持ち」の図式は存在します。

では、彼・彼女たちが賃貸経営のスペシャリストなのかといえば、そんなことはありません。それほど知識がなくても、安定経営ができている人も多くいます。

これは語弊があるかもしれませんが、それくらいに不動産投資の難易度は低く、初心者でも買う物件さえ間違えなければ十分に利益を残すことは可能です。

「地主」と聞くと、代々から続くお金持ちと思われるかもしれませんが、実際はキャッシュで物件を買う、あるいはローンを組んでも完済すれば、誰でも地主になれます。

そんな初心者でも勝ちやすい不動産投資ですが、失敗してしまった人はどのような原因があったのでしょうか。

代表的なのは、物件選定のミスにより入居率が低く、ローンを返せなくなるパターンです。ただ、これは第3章で紹介する「購入方法」のノウハウをしっかり学んでおけば、リスクを大きく減らすことができます。

理由04 自由な時間とお金が増えること

不動産投資は初心者でもお金が増やしやすいビジネスだといえます。

なぜなら、収入と支出が明確だからです。収入は家賃、支出は修繕費、火災保険料、入退居時の仲介手数料、固定資産税、ローンの支払い（現金で購入した場合は除く）です。

そのため初心者でも収支計算がしやすく、儲かっているか儲かっていないかの判断も明瞭です。加えて、先ほどもお伝えしたとおり、天変地異や経済危機の際にも保険会社や行政が助けてくれる制度もあります。

規模を拡大した場合も、通常のビジネスであれば人を雇わなくてはなりませんが、不動産投資なら管理会社など外注できる仕組みがはじめから整っているので、労務管理をする必要がありません。つまり、自由な時間も増えるのです。

もちろん、管理会社にすべて依頼してもいいですし、自分でできることから対応しても構いません。そうした取捨選択ができるのも不動産投資の魅力です。

そして不動産投資は、融資を引くことでレバレッジを効かせた投資ができます。

いくら株でお金を貸してください と銀行にお願いしてもなかなか貸してくれません。

一方で不動産はそれ自体の評価と自身の会社員などの属性を使ってお金を借りられるのです。つまり少ない元手で大きな資金を調達しやすいのです。何より不動産は担保として見てもらえるので、銀行にとっても優良な融資先です。

理由05 事業計画が立てやすく、数字に強くなくても大丈夫

不動産投資は「売上予測が立てやすい」のも魅力の一つです。

たとえば飲食業の場合なら、1日の売上には変動があります。とくに売上は経済情勢によって変わるものであり、予測するのは不可能に等しいです。今回の緊急事態宣言により、多くの飲食業が大ダメージを受けた現実がその証拠といえるでしょう。

経済危機が起きたり、近くに競合となる新規物件が建ったりした際、家賃を下げて対応する、駐車場を増やす、水回りの設備を新しくする、初期費用を抑える、自分でDIYするなどの対策もオーナー自身が考えて実行できます。

つまり、不動産投資は経済的なコントロールを自分の意志でしやすいのです。

これが株やFXだと自分の力だけでは変えられず、経済危機が起きたら市場に振り回されるしかありません。ほかの副業でも同様です。

しかし不動産投資の場合なら、毎月家賃は支払われるため売上予測が立ちやすいのです。1室5万円の物件を1戸所有していれば5万円、2戸であれば10万円、3戸で

あれば15万円という具合に「毎月これだけの家賃が入るな」と計算があらかじめできます。

しかも家賃は、通常最低2年は固定です。たとえ経済危機が起きてもそれは変わりません。

定食屋さんでは、とんかつ定食の付け合わせのキャベツが高騰してしまっても、定食の値段を上げるなどなかなかできません。その分はお店側が負担します。よほどの高級食材なら時価にもできますが、それはごく一部です。

また不動産の場合、退去も1か月前予告が原則なので、事前にリフォームやクリーニングの手配ができます。そのときのコストもすでに事例が山ほどあるので、「この部屋だったら3万円程度だな」と予測しやすいのです。

もちろん、不動産投資が経済危機などのダメージをまったく受けないわけではありません。コロナショックで建材やエアコン、トイレなどの納期が遅れ工事がストップする事態がありました。しかしそんな場合でも、価格が10倍になることはありませんでした。

もしエアコンの価格が10倍になったら、そのときはインフレなので家賃も上がることでしょう。

「投資」と聞くと、「数字に弱い自分にはとても無理だ」とあきらめてしまう人もいるかもしれません。

しかし不動産投資の場合は「足す」「引く」「掛ける」「割る」さえできれば問題なく運営できます。

月々の家賃に12を掛けて、そこから管理費や修繕費、固定資産税などを足したものを引く、減価償却のときに割り算を使う……その程度のモノです。

メインで使う収支計算は小学生でもできるレベルです。難しい税金の計算は税理士にお願いできます。

家賃収入の管理も管理会社がまとめてくれるので、あくまで「確認」だけで済みます。

前述したように、不動産投資は入居者の滞納保証もあり、売上予測が立ちやすいので、毎月届く明細書も「今月はいくら入ったんだろう？」と不安を抱かずに安心して見てられます。

明細に書いてある数字も非常に簡単な計算で出たものばかりなので、算数アレルギーの人でも取り組みやすいかと思います。

理由06 世の中には家が余っている

不動産投資と聞くと、何千万円、何億円もの物件を融資を組んで購入するイメージを抱かれるかもしれません。

しかし実際には、数十万円、場合によっては無料で物件を手に入れられます。できれば300万円の貯金をしてからスタートしていただきたいのですが、探せば安く物件を持つことも可能です。

とくに高齢者世帯や相続では、「安くなってもいいから、とにかく早く処分したい」、もしくは「お金を払ってでも引き取ってほしい」という不動産があるケースは珍しくありません。

お金がまったくないようであれば、物販・株・FX・ネットワーク・アフィリエイトなどで得たお金を原資にしてはじめるのも可能です。

現在、空き家の戸数は伸び続けており、今後はその勢いにさらに拍車がかかるでしょう。

空き家問題は「問題」と言葉が付くように、世間一般ではネガティブと思われがちです。

しかし、不動産投資においては空き家は安価で購入でき、物によっては大きく生まれ変わる意味でも「お宝」という捉え方ができます。

とくに地方では少子高齢化の影響により空き家が急増しています。誰も相続したがらない、行政もなんとかしたいと思っている空き家が全国で無数にあるのです。

行政にとって、空き家を再生し、人が住めるようにしてもらうことは、解体費の節約と税金の徴収につながります。

さらには、そうした人たちがどんどん増えれば、町が活性化し、経済が循環するようになります。空き家再生は社会性のあるビジネスともいえるのです。

不動産投資家としてもタダ同然で購入できるため、考え方によっては非常に大きなビジネスチャンスでもあります。大きなリスクを負わずにはじめられるので、初心者にも適しています。

また、不動産投資は衣食住の「住」を提供するわけですから、ビジネスとして正統性があり、世間的にも評価を得られやすいといえます。

たとえば物販の場合ならマスク転売問題のように、「何か悪いことをして儲けているんじゃないのか？」というイメージを持っている人も少なからずいるでしょう。

アフィリエイトやネットワークビジネスも「ウソくさい」「怪しい」などのマイナスイメージが世間的にはあるようです。

しかし不動産投資の場合、「親から相続してはじめた」というケースも多くあり、悪行をしてお金を稼いでいるイメージは全くありません。

実際、副業が禁止されている印象が強い公務員でさえ、相続における不動産投資は一定の事業規模以下まで可能となっているようです。

自分のまわりを見渡してみてください。親せきや友人、先輩など意外と不動産賃貸業をしている人がいるのではないでしょうか。

また、今は無関係であっても、親が不動産を所有していて、それを将来的に相続する可能性がある……そのようなケースまで考えると、潜在的な不動産投資家は非常に数多くいるはずです。「大家」というと仰々しく聞こえますが、実は身近な職業だといえます。

理由07 新しい知識を得続ける必要がない

不動産業界のＩＴ化は非常に遅く、いまだアナログな業務が多く残っているケースが多くあり、20世紀以降に新しく出てきたビジネスとは違います。

最近では、賃貸ならＩＴ技術の発展とともにバーチャル内覧など、進化している部分はあります。

しかし、いくらＩＴ化の波がほかの業界を押し寄せていても、多くの不動産会社は昔ながらのやり方から脱却できていません。「コストがかかるし、新しい知識も身につけなければならないから面倒」と思われているからです。

今どきのベンチャー企業と違い、そうした時流に抵抗を示す人たちが多く働いているのが不動産業界なのです。

なぜ、そんなことが起きてしまうのでしょうか。

それは不動産の管理に関していうと、新しい知識を得なくても、安定的な収入が入ってきてしまうからです。そのためオーナーや勉強真っ最中の、初心者の方のほうが詳しいケースも多々あります。

そして、それは地方で顕著です。たとえばリフォームにしても、首都圏であればライバル会社がたくさん存在しますが、地方になるとその1社しかないため、ほかに頼みたくても頼めないケースもあります。そうなると、リフォーム会社は営業努力をする必要がありません。

それに対応する大家側も最新の知識を持つよりは、旧来のやり方をしている不動産会社やリフォーム会社に合わせる姿勢が大事になっていきます。

また、新しいことを導入するにしても、非常に時間がかかるケースも多いため、大家側としても「急いで対応する」必要はなく、「状況を把握する」程度で十分なのです。

一部の管理会社ではメールが使えないためにファックスがいまだに使われていたり、メールができないので郵送でやりとりしたり、といった現状があります。

また、スマホは持っているものの、ＬＩＮＥでやりとりするのは極めて困難なケースも多いものです。

連絡手段は電話がよく使われるので、「言った・言っていない」という問題も非常に起きやすい状況にありますが、逆に言えば「電話さえつながれば何とでもなる」という部分があります。

なお管理会社だけでなく、一部の信用金庫など金融機関でもファックスでのやりとりを求められる場合があります。

金融機関のＩＴ化はまだまだ遅れていて、ドロップボックスなどのクラウド上の共有フォルダに資料を入れておくなんてことはあり得ません。

人によってはそれをストレスに感じるかもしれません。

しかしこれは、パソコンやアプリを使いこなせない人でも問題なくやりとりができる利点でもあるのです。

不動産賃貸業はＩＴに疎い高齢の地主でもできるビジネスです。それだけ新規参入のハードルが低く、実は新しく覚えることが少なくて済むビジネスともいえるのです。

理由08

「外注の仕組み」は最初からすべて整っている

不動産投資では、「外注化できる仕組み」がはじめから整っています。

売買のことなら売買仲介会社、リフォームは工務店やリフォーム会社へ、定期清掃であれば清掃会社、空室に困れば管理会社や客付会社、税金の問題は税理士といった具合に専門の外注先が存在し、いずれも電話やメールで簡単に発注できたりします。

これらの業者への発注は、税理士以外は管理会社がとりまとめています。

また、管理会社は売買仲介会社の部門や子会社が担っているケースもあります。売買仲介の会社は、文字どおり物件を買ったり売ったりを仲介する会社で、買うときには物件を調査したり、重要事項説明書や売買契約など決済するまでを請け負ってくれます。

管理会社とは、物件の管理運営を担い、集金業務・入居募集業務・契約業務、場合によっては定期清掃や退去立ち会いなどの入居者対応を行います。

客付会社は、入居者を募ることを専門にやっている賃貸仲介会社です。

リフォーム会社は、管理会社と契約しているケースが多いので、管理会社にお願いするのが一般的です。ただし、管理会社が采配するための手数料が含まれているので、直接リフォーム会社へ頼むよりも割高になるケースが多いといえます。

業務内容は、入居者が退去したあとのクロスの貼り替え・床の修理・ふすまや畳などの修繕を行い、元の貸せる状態にします。またエアコンが壊れた、水が止まらないなどの入居中の修繕対応や、和室を洋室にするなどバリューアップもします。

清掃会社は、アパートやマンションなら共有部の掃除、退去時のハウスクリーニングなどを行う専門の会社です。リフォーム会社同様、管理会社と提携している場合もありますが、その場合は割高になる傾向があります。

このように、不動産投資で必要な業務は外注環境がすべてそろっているので、基本的にオーナー自らが手を煩わせる必要はありません。入居者から直接電話を受けて、クレームを言われる恐れもありませんし、自らリフォームに出向く必要もありません。

家賃保証会社は、前に述べたように家賃の滞納が発生した際に家賃の督促をしたり、代わりに家賃を支払ってくれる会社です。さらに家賃を払えない入居者に対しては、立ち退きまで入居者の費用で行う会社です。

今は、家族を連帯保証人にするよりも家賃保証会社を付けるケースが増えています。家賃保証会社についても管理会社が統括するケースが多いです。

ここまで読んでいただければわかるとおり、基本的には管理会社がすべての業務を担当、あるいは各専門会社との間に入ってやりとりしてくれます。場合によっては前述したように、売買仲介会社が管理会社を兼ねているケースもありますから、購入から運営までをワンストップで任せることも可能です。

本当に何もしたくない、あるいは仕事が忙しくて何一つ作業する余裕がなければ、すべて外注に回せばいいですし、逆に時間や体力に少し余裕があって自分でできることがあれば、その分のお金は容易に浮かせられます。

外注の仕組み

理由09 あらゆる変化に強い

不動産投資のもう一つの魅力は「変化に強い」ことです。

コロナショックのようなパンデミックや、かつてのリーマンショック並みに未曾有の経済危機が起こった場合、株価は大幅に下落したり、場合によっては投資した会社が倒産して紙切れになるリスクもあります。しかし、不動産はいきなり家賃が半額になったり、物件の価値がゼロになったりはしません。

現在、コロナショックの影響でテナント系の不動産は売上が落ちていますが、住居系には大きな変化はありません。それは、生きるのに必要不可欠だからです。

仮に給料が減ったとしても、旅行や飲み会の数を減らしても、住まいを手放す＝ホームレスになる人はまずいないはずです。住居にかかるお金を減らすのは、本当の最終段階ということになります。

言い方は悪いですが、家賃の支払いのために借金をする人は少なくありません。それくらい人間が生きるうえで絶対的に必要なものなのです。

また、台風や地震などの天災で近年被害が多く出ており不安を抱く方はいると思いますが、自然災害に対しての保険が充実しているのも魅力の一つです。

不動産投資では、株や物販などの副業と違い、緊急時の対応を求められることは基本的にありません。緊急時の対応とは、「即断・即決・即行動」です。

たとえば、所有物件の1室で水漏れが発生したとしましょう。

そんな場合でも管理会社が対応してくれますし、自主管理の場合も電話対応で業者に依頼すればいいだけの話です。そのあとのやりとりは保険会社に頼むので、オーナーの負担は精神的にも時間的にもかなり小さいものです。

ほかの経済リスクとしてはインフレなども想定されますが、インフレによって物の値段が上がってお金の価値が下がれば、むしろ不動産の所有は強みとなります。

仮に、インフレでパン1個が1000円になったとしましょう。しかし物の値段と同時に家賃も上がるので、賃貸経営におけるダメージはほぼありません。これが株や現金などのペーパーアセットにはない、リアルアセットならではの強みです。

また、コロナショックで家賃の支払いが困難になった人もいます。そうした場合でも、今回のケースなら生活の支援をしてくれますし、大家さんに対しても商工中金、日本政策金融公庫、セーフティネット保証などが特別融資を出してくれます。

このように、不動産は人間が生きるうえで欠かせない衣食住の「住」を担うだけあって、行政の保護は手厚いといえます。

これは株など、ほかの投資ではありえないほどの厚待遇ともいえるでしょう。株の投資先が倒産した、原油が暴落した、為替が暴落したなどで資産が大きく目減り、あるいは追証になったとしても行政は助けてくれません。なぜなら投資は自己責任だからです。

しかし、不動産投資は「投資」の文字こそ入っていますが、正しくは賃貸経営という人々の生活の根幹を支える事業です。

経済的変化に強い意味では、管理会社の倒産件数が圧倒的に低いのも魅力の一つです。売買などの事業も展開している会社であれば別ですが、純粋に管理業務だけ行っている管理会社はまずつぶれません。

なぜなら、管理会社の収益源は「管理手数料」であり、これこそ私がおすすめするストックビジネスだからです。

何百戸、何千戸と管理している物件のなかで多少は空室が出るかもしれませんが、人間が生きていく以上、住む家は必要なわけで、需要がゼロになるなど人類が滅亡しない限りあり得ません。

最強

不動産投資には弱点もある！

ここまではメリットばかりをお伝えしてきましたが、不動産投資には弱点もあります。

弱点❶ スピードが遅い

不動産投資の弱点の一つは、「スピードが遅い」という点です。家賃収入を得るタイミングは月1回しかありませんし、株やFXのように1日で倍にもならないので、どうしても資産を築くのに時間がかかります。

ただ、それは見方としては「収入のブレがない」ともいえます。短期間で何倍にも増えることがなければ、何分の1になったり紙クズになったりもしません。

また、「スピードが遅い」という意味では、ローンを使わないで購入するとなるとレバレッジを効かせられないため、少ない金額で大きな物件は買えません。よって、資産拡大のスピードが遅いともいえます。

ローンを使えばいいだろうと考える人もいますが、そのためには勉強が必要ですし、相応のリスクを負うことにもなります。

逆にいえば、築古戸建て投資は、スモールスタートで少しずつ事業を拡大していくためリスクが少ないのです。

ほかにも、売買の時間がかかる意味でも「スピードが遅い」といえます。

株やFXであればパソコンでクリックすれば売買が可能ですが、不動産は物件を見つけ、業者に連絡をして、実際に見学しに行き、交渉して契約手続をす

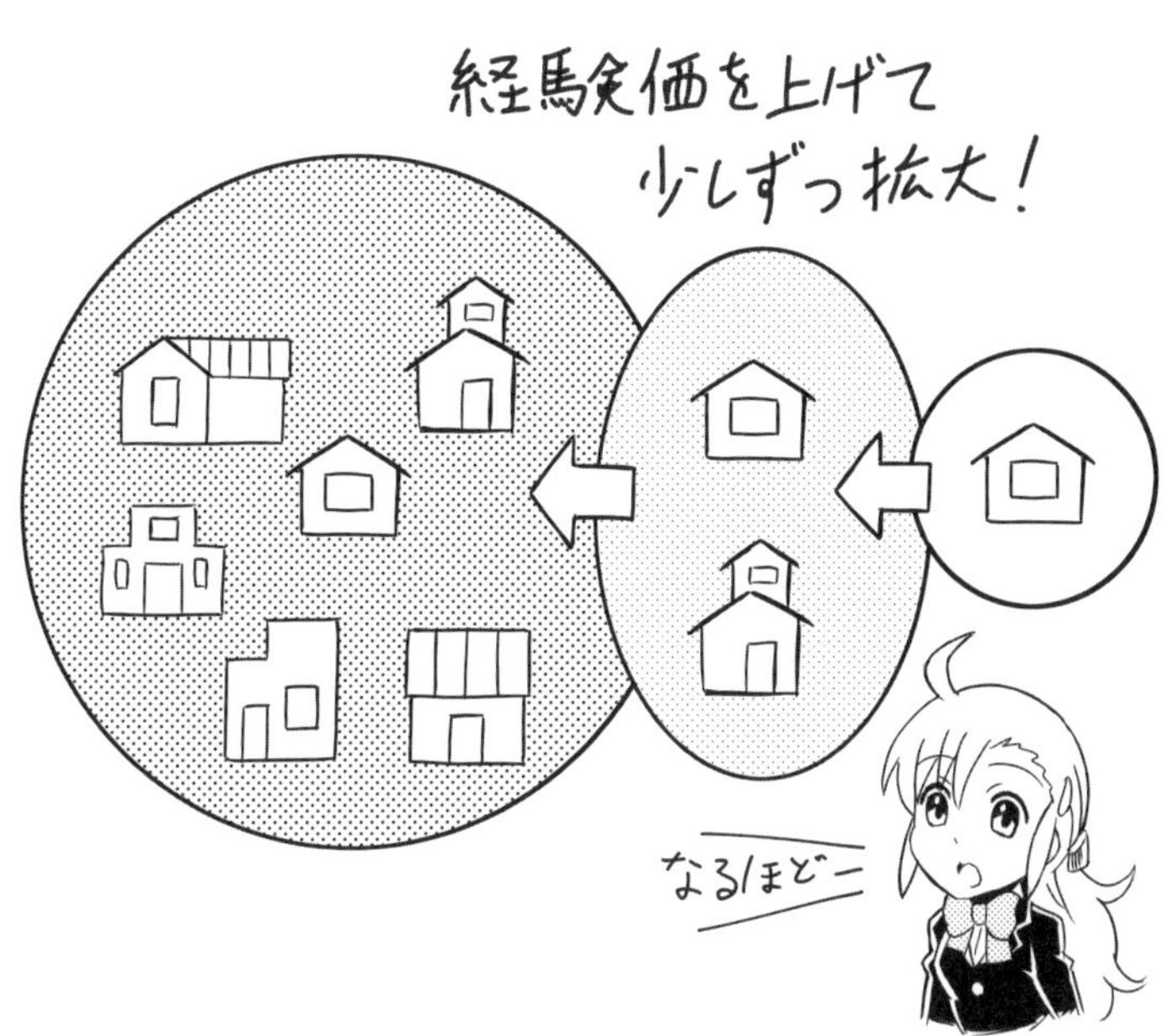

る手順が必要です。

弱点❷ 価格が高い（というイメージがある）

不動産は一般的に高いと思われています。しかし、前述の「理由06」にあるように、実際には地方では100万円程度で安く売られている戸建てがたくさんあります。

また、初心者のほとんどの方が知らないのですが、コミュニケーション能力があれば売り出し価格よりも相当に安く買えます。

「指値（さしね）」という値段交渉を行えば、割引してもらえる可能性が高いです。指値については第3章にも記載しています。

弱点❸ 難しい（というイメージがある）

不動産投資は覚えることが多く、かかるお金も高額のイメージがあり、参入するハードルが高いと思われていますが、だからこそ旨味があるといえます。

ライバルは少なければ少ないほど優位です。とはいえ、すでに不動産投資の魅力を知ってしまっている人は多数存在しますし、実際はそこまで難易度が高くないことも含めて、難しいというのはあくまでイメージです。

弱点④ 商品化するまでが大変

スピードが遅いことに派生した弱点ですが、いったん購入してからも貸し出すまでに時間と手間とコストがかかります。

安く買える戸建ての多くは、そのまま貸し出すことはできません。「残置物を撤去する」「リフォームする」「ハウスクリーニングする」「客付けする」などといった「商品化」は必須です。

購入すること、そして商品化することが最大の難関であり、ここを押さえてしまえば不動産投資では成功できます。この方法についても次章で紹介します。

そのほか退去が発生すると、リフォーム業者と清掃会社に対応してもらうまでに時間がかかります。退去当日から賃貸に出せるのが理想ですが、それは現実的に難しく、とくに繁忙期の場合はリフォーム業者の手が空かないので、工事完了までとても時間がかかってしまうケースもあります。

不動産会社で働きながら不動産投資家になる！

私は不動産業界にいた経験を活かして、31歳のときに不動産投資家になりました。

先に現在の私の投資規模をお伝えしておくと、アパート9棟、区分2室、戸建て7軒、部屋数約65室でキャッシュフローは約2000万円です。

なお、不動産投資をはじめた理由については「コラム①」でお伝えしていますが、ここでは、私がどのような物件を買って不動産投資をはじめたのかを紹介します。

不動産投資をはじめるにあたり、私は「すぐに現金がほしい」と望みました。

そのためにはどのような投資をすべきか考えたとき、「高利回りの築古物件」を選択しました。

ただ、当初は妻の承諾を得づらいので、賃貸併用住宅（アパート付きのマイホーム）の新築からはじめました。妻は管理栄養士で不動産の知識も経歴もまったくありませんが、賃貸併用住宅ということで理解を得られました。

1棟目を購入したのは2010年のことです。投資経験はゼロでしたが不動産業界に長くいたため、とくに不安もなくスタートできました。

それまで賃貸に住んでいたときの家賃は13万円だったのですが、住宅ローンは賃貸の家賃収入によって支払われているため、実質0円で新築の家に住めます。そして、毎月13万円が貯まります。

こうして順調に不動産投資をはじめたのですが、やはり狙い目なのは築古物件でした。そのため、2棟目以降は高利回りの築古のみにフォーカスしました。

初の戸建て投資は利回り約25％

これまでの私の経歴からいうと、大規模マンションやビルなどを扱っています。

そんな私がなぜ戸建てを中心とした、築古の小さな物件を中心に所有しようと考えたのか。そのきっかけになった初の戸建て投資を紹介します。

そもそも私はスモールスタートが良いと考えていました。すでに築古のアパートを1棟購入し順調でしたので、引き続き築古のアパートや戸建てを探していました。

戸建てに目を向けるようになったのは3棟目です。アパートを購入したところ、おまけで戸建てが付いてきたからです。同じ敷地内にアパートと戸建てがあり、前オーナーはアパートの収益で戸建てとアパートのローンを支払っていたようです。そこで戸建ての扱いやすさ、客付けの強さに気づきました。

そして、購入から売却までひととおりを経験したのが、5棟目に購入した戸建てです。この物件は小さな家族経営をしているような不動産会社が取り扱っており、専任（専任媒介契約の解説は110ページ参照）で物件情報を掲載していました。

そのような会社は大手のポータルサイトに載せ方がわからず、本人が住むための不動産の知識はあるものの、投資用不動産の知識が乏しいものです。しかし、そんな会社が取り扱っている不動産情報ほど、お宝物件を扱っていることが多いのです。

この戸建ては地場の小さな会社でも比較的利用している検索サイトのひとつである「アットホーム」（サイトの解説は110ページ参照）で見つけました。

まず、物件の概要を見ていきたいと思います。

場所は茨城県A市の私鉄で徒歩10分程度ですが、途中お墓、お寺、坂道があります。道路の行き止まりに戸建てがあり、建物の裏には擁壁、建物一方側は雑

木林です。ライフラインは、公営水道にプロパンガス、下水は浄化槽です。市街化区域内にあり、再建築可能です。
価格は建物付きで200万円。この近辺の土地だけの相場は390万円程度ですから、相場よりだいぶ安いです。
次にこの戸建てをなぜ相場より安く購入できたのかを解説します。

【物件概要】

茨城県A市　駅徒歩10分程度
購入年／2013年
購入価格／200万円　昭和63年（購入当時、築25年程度）
土地面積約160㎡
建物面積 約90㎡／間取り4LDK

この物件は、もともと古家付きの土地として販売されていました。元の売り出し価格は350万円で売れなくて、290万円に値下がりしています。このタイミングで私が物件情報を発見して値交渉をはじめました。180万円で指値（さしね）を行った結果、200万円の土地取引で古家付きという形で購入できました。

そもそも、なぜこの物件は290万円だったのか。不動産業者がどのように値付けしたのか解説しましょう。

建物は木造で法定耐用年数が築22年を超えているのでゼロ評価。近隣事例では、不動産会社にヒアリングしたところ、土地の取引価格が坪8～10万円ということなので、下限の8万円で計算します。

8万円／坪×土地面積48坪＝384万円（土地値）……①

解体費用は木造3万円／坪程度なので、3万円で計算

3万円／坪×建物面積27坪＝約100万円……②

①384万円－②100万円＝284万円

不動産屋が290万円で販売している根拠がおわかりになったかと思います。

つまり、最初は相場より多少価格を高めに設定し市場に出し、反応が少なかっ

たことから、相場並みの金額に落とした
といったところでしょうか？　私とし
ては、この290万円より安く買うこと
が重要です。

この物件を選ぶ際には賃貸需要がある
かどうかの調査も必要です。似たような
戸建ての賃貸事例をインターネットで調
べて賃料相場感覚をつかんでから不動
産業者に電話ヒアリングを行います。

ポイントは電話でまずヒアリングする
ことです。検討するたびに現地まで行っ
ていたら、いくら時間があっても足りま
せん。

この物件に関しては周辺にライバルも
少なく、家賃5～6万円で貸せるという
ので買い付けを入れることにしました。

なぜ290万円が200万円になったのか

さて続いては、なぜ私が290万円の
物件を200万円の値下げに成功したの
か。その理由を解説します。

まずは物件の立地です。お墓のあるお
寺を超えた先にある行止まりの物件で、
建物裏の1mくらいのところに3m超の
擁壁があり、年中ジメジメしています。

さらに物件のすぐ隣は雑木林なので、
虫が多数生息しており、特にクモは10匹
以上屋内にいました。

建物の状況は、お風呂のタイルが地震
の影響でひび割れが多数あり、これも地

震の影響で天井の1か所のボードが外れてダランと下に落ちていました。

ほかにも配管の臭い、畳はカビが生え、雨染み多数。床下にはシロアリの大好物の木材が放置されています。

不動産仲介会社も「これはひどい！」と思うくらいの状況であり、リフォーム費用にどのくらいかかるかも、買主側で計算するのが面倒ということもあり、土地として販売されていたようです。

売却理由は資産の処分で、この物件を売りに出している所有者が、建売業者(戸建ての土地を仕入れ、戸建てを建てて販売する会社)であり、元の所有者の物件を下取りしていたのです。そのため、建物自体に思い入れや愛着がまったくなく、早く処分して現金に変えたいという気持ちが大きかったのでしょう。

私の指値に対しても、あっけなく了承を得られました。これが長年住み続けていたマイホームを売却する場合、交渉が難航する可能性が高いです。なお、相続で家を早く手放したい場合は現金で指値が有効なこともあり、まさにケースバイケースといえます。

戸建て購入後のリフォームは以下を業者さんに発注して行っています。

【業者リフォーム内容】	合計 約50万円
・クロス	24万円
・クリーニング	6万3000円

・風呂タイルひび張替え	6万3000円
・地デジアンテナ工事	3万円
・天井剥がれ、風呂床補修	6万円
・その他	4万円

大家の労働力は以下を投入しました。

【DIY内容】	合計　約10万円
・駐車場壁ペンキ塗り	（ペンキ代等5000円）
・除草	（薬剤、器具で5000円）
・照明一部購入取り付け	（1万円）
・インターホン取り付け	（物代 1万5000円）
・外壁少し塗装、壁割れ部分コーキング	（1万円）
・交通費	（レンタカー代金等、土日で2万円）
・その他	（3万円）

物件購入価格が200万円で、再生費用、諸費用を合わせて下記となります。

総投資額	合計約285万円
物件価格	約200万円
業者リフォーム	約50万円
DIY	約10万円
【諸費用】	
司法書士手数料	約14万円
契約印紙代	2000円等
仲介手数料	なし（売主が業者のため）
不動産取得税	約10万円

総投資額に対し、月5万9000円で客付けに成功しました！

年間家賃70・8万円で総投資額285万円となるため利回り24・8％です。

この戸建ては5年所有して売却しました。

購入当初のリフォーム後は5万9000

円で入居者が確保できましたが、その後入居者が入れ替わり、ペット可能物件として月6万4000円での入居者探しに成功しました！

そこで、当時の相場利回り13％程度で売却すると、元の家賃5・9万円だと約545万円、今回の家賃6・4万円だと約590万円となり、売却価格が45万円アップしました！

売却活動の結果、相場より1割高い650万円の売買価格で販売を開始し、結果、620万円で成約したので、200万円の買値に対して3倍強で売れました！

所有期間のインカムゲインにくわえて、売却時のキャピタルゲイン。両方を得やすいのが戸建て投資の魅力です。

第3章

超カンタン！ 絶対成功する 7つの法則

法則1 集中すべきは買いの1点のみ

不動産投資で成功するためには、まず「買い」に集中しましょう。

というのも、不動産投資では管理や修繕、売却など勉強することがたくさんあるため、買いに集中しないと力が分散して、いつまで経っても買えずにスタート地点にすら立てない人を多く見てきたからです。

不動産投資初心者には「分析マニア」「勉強マニア」と呼ばれる方々がいます。

彼・彼女たちは勉強熱心ではあるものの、いつまでも実践に移せず、物件を購入できないまま何年も経ってしまう人たちのことです。

勉強は大切ですが、それに何年も要しているのであれば、精神的に負担にならない金額でまず買うべきです。買わなくては何もはじまりません。

私の友人で5年間ずっと不動産を勉強していたにもかかわらず、まったく買えない方がいました。彼の行動を確認すると、いろんな人のセミナーに足を運んでは講師の話をたくさん聞いているうちに、どの方法が正しいのかわからなくなってしまったそうです。知識を付けすぎて「絶対に損をしないためにはどうしたらいいのか?」と、ずっと悩んでいたというのです。

いわゆる分析マヒに陥ってしまったわけですが、こういう方こそ、「買うこと」に全精力をつぎ込むのが大事です。

インプットばかりしてアウトプットをしていない……勉強ばかりして動かず、迷って何をすればいいのかわからなくなっている方もいます。ある一定以上の情報を詰め込みすぎると足が止まってしまうこともあるのです。

そもそも、体験しない学習に対する記憶の定着率は極めて低いそうです。本を読んだだけ、セミナーを受けただけで満足して行動しない人です。セミナーを受けると実際に行動した気になり、満足してしまう方もいます。

そして、石橋を叩きまくったあげく割ってしまって、渡れないという結果になっている方もいます。

まずは買うことで、はじめて「知識」が「知恵」に変わります。所有すると不動産のことをよく考えるようになるので、いろんな方々に聞いた知識が、大家さんという経験を通してはじめて知恵に変わるのです。

法則2 まずはネットサーフィンで物件探し

物件はネットサーフィンで探します。不動産会社から未公開物件など特別な情報を得なくても、ネットサーフィンでも十分安い不動産を見つけることができます。昼休み、通勤時間、そして極端ですがトイレに入っているときなど、少しでもすき間時間を見つけて探しましょう。

おすすめのサイトは、「アットホーム」と「不動産ジャパン」です。

●アットホーム　https://www.athome.co.jp/

アットホームは、ヤフー不動産やスーモよりも歴史がある会社で、全国の加盟数や元付け（顧客から直接に売買の依頼を受けている立場のこと）が多いのが特徴です。なぜならマイソク（物件の概要・間取り図・地図などをまとめた資料）を積極的に仲介会社に持ち込んでいるからです。

そもそも不動産売買仲介の仕組みとして、「片手」と「両手」と呼ばれる仲介手数料の受け取り方を表す用語があります（112ページの図を参照）。

「片手」とは仲介手数料（売却価格の3％＋6万円）を売主・買主の片方から受け取る場合で、「両手」とは仲介手数料を売主・買主の双方から受け取る場合を指します。

いってみれば、1つの物件の取り扱いで手数料が倍も変わってくるため、不動産会社からすると「両手」のほうが断然に「美味しい」のです。

また、両手仲介ともなれば、不動産会社は売主・買主とも直接やりとりができるため、指値交渉なども行いやすくなるケースがあります。値下げによって仲介手数料が低くなりますが、両手で得られる分「多少は安くなってもＯＫ」と考える不動産会社もあります。

このようにアットホームは元付けが多いわけですが、その確認方法はネット上で専任媒介契約、専属専任媒介契約と書かれているかどうかです。書かれている場合は元付けと判断します。

もしも一般媒介契約の場合なら、その仲介会社に電話をして元付けなのかを確認しましょう。一般媒介であっても、両手を取れる会社である可能性は十分にあります。

なお、一般媒介契約の仕組みは113ページで図解しています。

「両手」と「片手」の違いとは?

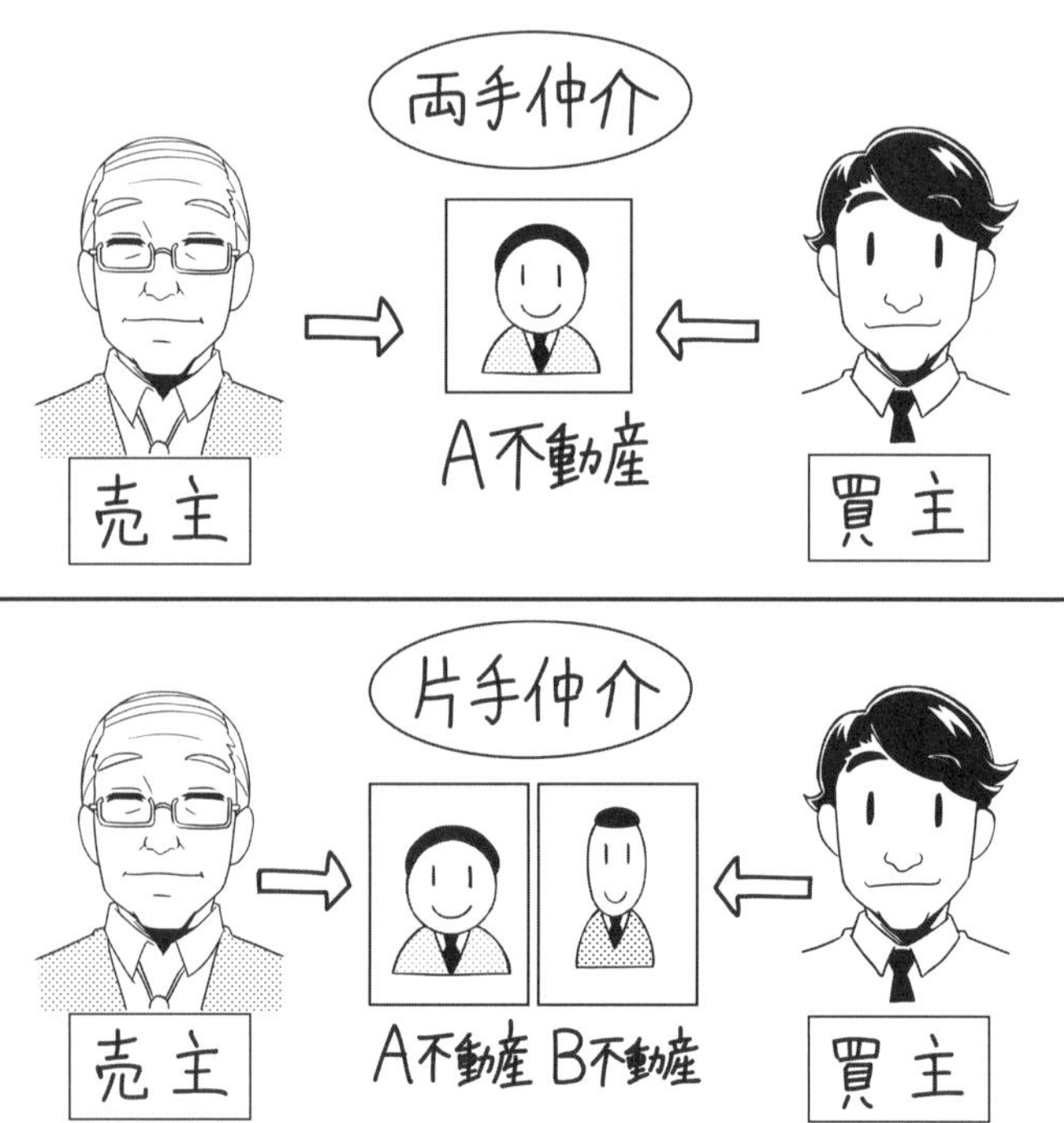

「一般媒介契約」の仕組み

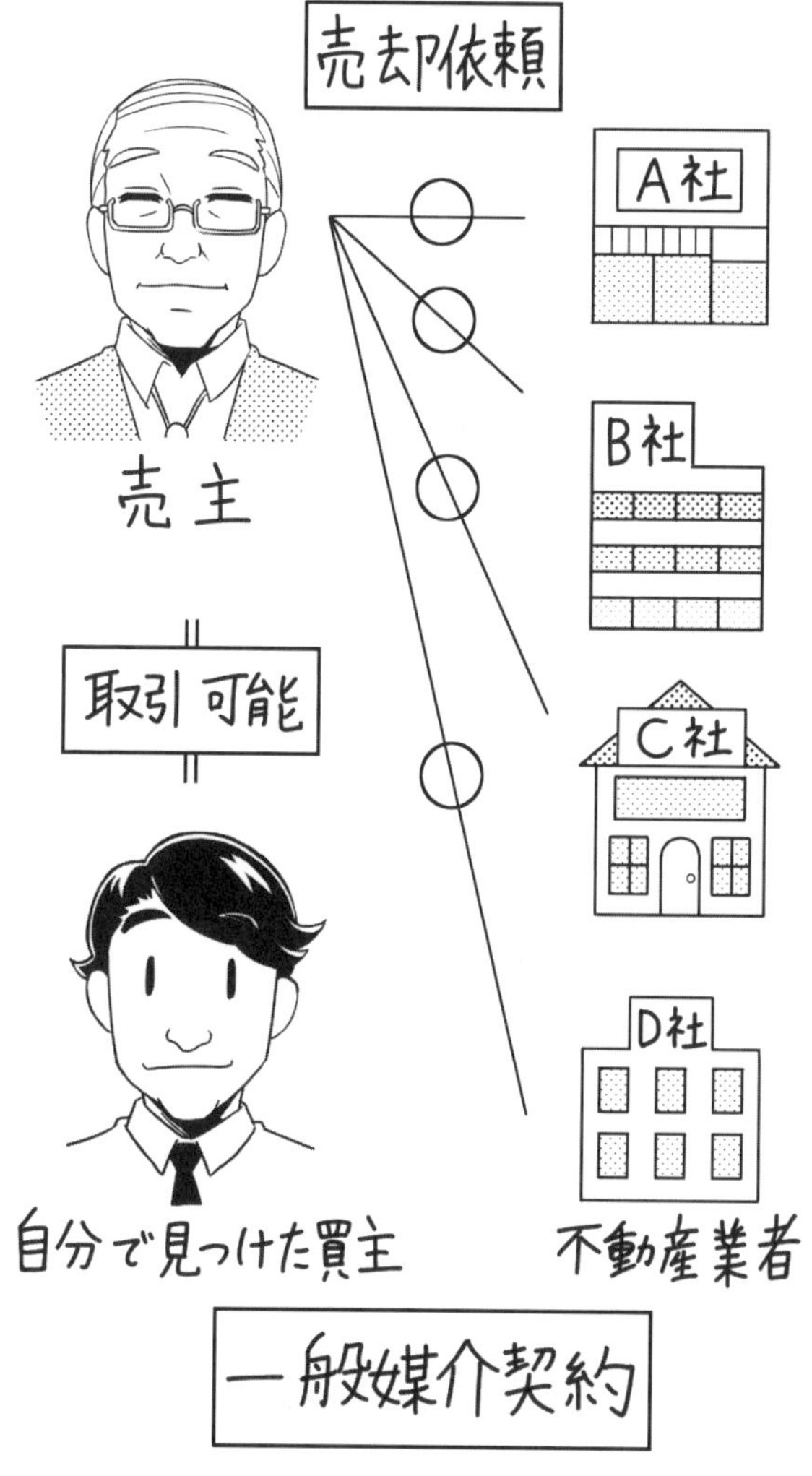

●不動産ジャパン　https://www.fudousan.or.jp/

不動産の取引情報が掲載されている「レインズ」というサイトがあります（正式には「Ｒｅａｌ Ｅｓｔａｔｅ Ｉｎｆｏｒｍａｔｉｏｎ Ｎｅｔｗｏｒｋ Ｓｙｓｔｅｍ」といいます）。

宅地建物取引業法に基づき、国土交通大臣の指定を受けた「指定流通機構」によって運営されている不動産情報サイトですが、これは不動産会社のみが登録・閲覧できるシステムで、一般人は利用することができません。

一方、「不動産ジャパン」は公益財団法人 不動産流通推進センターが運営する、誰でも見ることができる不動産情報サイトです。

国土交通省認可不動産流通４団体が加盟しており、各団体の検索サイトが独自のデータベースに統合されています。

つまり、レインズ＝不動産ジャパンではありませんが、加盟している不動産会社がほぼ重なっており、数多くの情報を得られるのです。

サイト内には不動産取引の基礎知識や、トラブル相談窓口などがあり初心者向けです。個人的な感想ですが、アットホームに比べると検索しにくい印象を受けます。

私が初心者にすすめている検索条件は「自宅から車で1時間以内の距離」、「理想は300万円以下。なければ500万円以下の戸建て」です。

もしくは土地で検索するのもいいでしょう。土地で探すと「古家」が付いている場合もありますが、この「古家」に注目します。なかには古家が新しかったり、築50年でもリフォーム済みだったりすることもあります。

なぜそうしたお宝物件が眠っているのかというと、不動産会社にとって価格帯の低い中古戸建ては仲介手数料が安いため、調査も時間をかけていないケースが多く、良い物件でも見過ごされがちです。

なかには物件を一度も見に行かずに売りに出していたり、不動産会社が価値がわからず安い金額で売られていたりすることもあります。

具体的な手順は、まずアットホームに新着情報が出れば通知が来るように設定します。ただし、基本的に100万円や150万円といった激安物件は投資家が殺到します。とくに関東圏で千葉・埼玉・神奈川では数が圧倒的に少ないので競争率が高いのです。それ以外の地方の物件であれば100万円程度の激安物件を見かけます。

ですから100万円の検索にこだわらず、300万円以上500万円未満あたりの物件を、値引き交渉して100~200万円くらいで買うというイメージをします。

多くの投資家さんは指値（希望の金額で交渉すること）をする感覚がありません。もちろん、断られるケースも多いですが、100万円程度は下がる物件もたくさんあります。交渉の仕方は私の前著に書いてあるので参考にしてもらえたらうれしいです。


とはいえ、このやり方で初心者が探し出した物件を買える可能性は低いものです。

一般に、ネットに載っている格安の物件はライバルが多く、良い物件であれば瞬時に売れていきます。もしくは、格安なのに残っているなら、初心者には手に負えないほどボロボロで、賃貸に出すまでの修繕する箇所が多い傾向にあります。

ですから、最初に問い合わせした物件が買えなくても気にすることはありません。

まずはネット検索をして相場観を養い、どういう会社がどういう物件を扱っているのかを見定め、そこからコミュニケーション力を使って関係性を築き、次に物件情報が来たら直接連絡をもらって紹介してもらう、というのが目指すべき流れです（コミュニケーション力の鍛え方は次項で解説します）。

こうして安い物件を扱っている不動産会社と良好な関係性を築くことができれば、物件を紹介してもらえるようになります。

物件A
×○△町
○○万
物件B
物件C

法則3 とにかくコミュ力を鍛える

なぜ不動産投資でコミュニケーション力があると良いのかというと、前述したように不動産会社に対するアピールにつながるからです。

自分が買える人だと正しく伝えられたら不動産会社から好かれ、どんどん優良情報を持って来てもらえるようになります。

とくに戸建ては、良い情報が来る可能性が非常に高いです。

実は、売買するための手間というのは、アパートもマンションも戸建てもほとんど変わらないことが多いものです。それが1億円であっても1００万円であっても、重要事項説明書などの書類作成が必要なので調査をしなければなりません。

そのため効率を考えると、戸建てよりも大きなアパート・マンションを売買したがるものなのです。

不動産会社の営業マンからすれば、戸建てには手間をかけなくないと思います。わざわざ広告して売主を探すより、絶対に買ってくれる投資家がいれば、その人に情報を流すだけで済むので圧倒的に楽に仕事ができます。

とくに物件数の多い大手の不動産会社には、安価な戸建てが「お荷物」となっている場合もよくありますので、そこへ「買える投資家である」とアピールすることも必要なのです。

ここで求められるコミュ力を具体的に説明しましょう。

●物件探しにおけるコミュ力

大半の人は「安い物件」を探そうとします。しかし正しい順番は、まず「安い物件を売ってくれる不動産会社」を探すことなのです。

初心者が狙う戸建てはボロボロで古く、前述したように仲介会社にとっては利益が薄い物件です。

そこに対して、コミュニケーション力を鍛えて「自分は買える人間ですよ」と現金を所有していることや、古い物件の勉強もしっかりしていることなどをアピールしていくわけです。

たしかに最初に購入した物件は、修繕から客付けまでは苦労するかもしれません。しかし客付けができてきちんと稼働させられれば、2戸目以降も不動産を紹介してもらいやすくなります。

そうなれば、自分で探す必要はなく情報がやってくるようになります。

●物件購入後におけるコミュ力

購入後、対管理会社においてもコミュニケーション能力がなければ有利に運びません。

管理会社や賃貸の仲介会社では、本で学んだことだけをペラペラと言って嫌われる大家さんは山ほどいます。

なぜなら、自分の体験に基づいた言葉になっていないからです。自分が汗をかいて得た体験こそが強く相手に伝わるものです。

不動産業界に長くいる人はコミュニケーションのプロです。彼らは上っ面だけなのか、それとも本物なのかを少し話すだけで簡単に、瞬時に見分けられます。

そんなコミュニケーションのプロ集団が不動産仲介会社、管理会社なのです。知ったかぶりは禁物です。最低限、正直になりましょう。

基本的に管理会社は楽をして管理委託料がほしい、大家から大規模修繕を発注されたいと考えています。できるだけ面倒くさいことをやりたくなくて、効率よくお金を得たいのです。

なにしろ1人で300戸も500戸も担当していることはザラですから、個別要望に応えるのは難しいです。できる限り、うるさい大家の物件は管理をしたくありません。それが実情なのです。

戸建てを1軒持っているだけならまだしも、ゆくゆくはあなたもアパートや1棟マンションを購入するという決断に至るかもしれません。そうなったときは管理会社をうまくコントロールできるようになりましょう。

本来ならば、あなたは管理会社に十分に感謝しなければいけません。それなのに管理会社を下請けのように使い、間違ったコミュニケーションをしていませんか？

あなたが本業のサラリーマンでどんなに立派な会社に勤めていても、役職が部長や社長であっても、管理会社にとってはどうでもいいのです。

サラリーマンの感覚で行ってはダメです。これは基本中の基本ですが、それを意識していない方が多いように感じます。

私がビル事業部にいたときは、「どっちの顔も立てるように」と、上司からいわれました。入居者だけよくてもダメだし、管理会社だけよくてもダメなのです。双方に対してうまくまとめなければいけません。

私がそこで必要だと感じたのが、コミュニケーション能力です。

上司からは「お前はこの物件の利益を、最大化させて業務を効率化させなければいけない。この物件の統括管理者はお前だから、その物件に対して責任を持て!」と言われました。この時はそれが私のサラリーマンとしての仕事でしたが、大家さんであっても同じなのです。まず何よりも現場を理解していなければダメです。

コミュ力の話とはずれますが、私がいわれたもう1つの指示は、「商業ビルの統括管理者は目をつぶっても全部の場所へ行けるように」ということでした。

実際、私はそのようになりました。目をつぶってもビルの入口がどこにあるのかわかります。地下から屋上まですべて、どこに分電盤があるのか、どこに消火設備があるのかもわかります。

ビルをすべて理解するのは大変でしたが、戸建てであれば理解できるでしょう。だからこそ、私は戸建てから不動産投資をすることをおすすめしています。

法則4 安さこそすべてのソリューション

不動産投資で収入を伸ばすための方法は5つあります。

「安く買う」「安く修繕する」「高く貸す」「高値で売る（購入してすぐ売るのではなく、数年所有しての売却を指します）」「税金対策をする」です。

ただ、戸建て投資において一番重要なのは、何より「安く買う」が大前提です。ここを失敗すると、大きく儲けるのはかなり難しいといえるでしょう。

たとえば「安く修繕する」でいうと、古い物件は修繕しなくては人が住めません。また、管理会社も新しくてきれいな物件のほうがトラブルになりにくいので、できるだけ修繕をするように言います。これは私の経験上間違いありません。

大阪や北海道などの競争が多いエリアだと、「ＡＤ（広告費）と仲介手数料合わせて最低10万円はないと引き受けない」と決めている管理会社もあるので、入居付けにもコストがかかります。

こうした出費に対応するためにも、入り口で「安く買うこと」が重要なのです。

極端にいうと、多少高く修繕したり、多少安く賃貸したり、多少税務などの知識が不足していても、安く買えれば戸建て投資は成功できます。それゆえに「安さこそすべてのソリューション」なのです。

しかし不動産会社は儲けるために、ありとあらゆる手を尽くして高く売ろうとします。

積極的に電話営業している不動産会社は多いですが、そもそも良い物件であれば電話営業という非効率な業務をせずとも売れてしまいます。

「あなたの年収だと、これだけのローンが組めますよ!」と、ローンと不動産がセットで営業される物件は基本的には儲かりません。明らかに高値つかみになってしまいます。そんな物件を買ってしまうと地獄への一直線で、挽回するのは困難でしょう。

もちろん、そういう物件を買って「節税対策をしよう」というのならいいでしょう。しかし、純粋に不動産投資で現金を増やしたいと考えているのなら、そうした物件はすべてスルーすることをおすすめします。

繰り返しになりますが「安く買うこと」こそ、最も重要なポイントです。

だからこそ自分で探して、自分で交渉して買う必要があります。基本的に不動産は希望小売価格で販売されているので、指値をして買えるのです。

本来、不動産には、知っておくべきことはたくさんあります。繰り返しになりますが、知らないと損してしまうケースが多いのです。

それでも戸建ては金額が安いのでリスクが限定的です。これが億単位の物件になれば、かかる費用のけたが変わります。

戸建てで数十万円のところが数百万円、場合によっては数千万円かかることもあります。

そうなると、どうしてもお金で解決するのが難しくなります。そのときこそ、たくさんの知識が必要です。ですから戸建てで失敗しながら学んでいってほしいのです。

とにかく安く買うことが肝（きも）です。

万が一、トラブルを抱えてしまい思い悩んで本業に影響が出てしまうのであればお金で速やかにクリアします。そして、少しずつでも大家としての経験値を上げていけばいいのです。

安く買う！

法則5 ローンは二の次!!

「不動産投資＝融資を組む」と考えている人は多いでしょう。

しかし初心者が融資を受けるとなれば、不動産会社が提携している所定の金融機関（ノンバンクなど）からお金を借りるというパターンが多いため、業者の手数料の乗った儲からない物件を売られる可能性が非常に高いのです。

その典型例が、「かぼちゃの馬車問題」の引き金となったスルガ銀行を使ったスキームです。

最終的にローンを使うという選択はいいと思いますが、初心者が何も考えずにローンを組むのは危険です。ローンを受けて物件を購入するのは上級者向けであり、自身で借り換えられる算段を持っていないと不動産会社のカモにされるリスクが高いのです。

とくに注意したいのは、新築区分マンションなど提携ローンがついた物件です。これらは大概ダメ物件です。割高な物件で投資家は完全にカモにされているケースが多いです。

かつて被害者が続出してニュースになった新築シェアハウス「かぼちゃの馬車」も典型的なパターンです。販売会社とスルガ銀行がタッグを組んで不正をしており大問題になりました。

ですから、業者の言われるままのローンを組むのは危険と認識しましょう。

ちなみに私はローンを借りています。「ローンは二の次」と書いたのは、ローンを否定したいのではなく、最初からローンありきで物件購入を考えるのは危険であると伝えたいからです。

繰り返しになりますが、いきなり高い物件を買うと失敗したときのダメージが甚大になるので、小さい物件で不動産の知識をある程度まんべんなく得てから、ローンを使って大きい物件を買うのが王道です。

たとえば「家賃収入が1億円!」と豪語している人がいても、実は手元にお金がほぼ残っていないこともあるようです。

多額のローンを組んで買っているケースでは「フルローン」(売買金額を全額ローン)、「オーバーローン」(売買金額+諸費用などの120%ローン)がありますが、借入れ総額が2億円を超えていても年間キャッシュフローは100万円にも満たないという人もいました。

大きな物件を多額のローンを組んで買うと、月々のローン支払いのみならず、修繕費、その外注費、客付けのコストがのしかかります。

知識ゼロのまま規模を大きく増やしてしまうと、売買仲介会社に加えて管理会社やリフォーム会社の養分になってしまうことも多いのです。

また、ローンを組むには金融機関が定めた条件を満たす必要があります。「属性」といわれる勤め先、勤続年、年収や預金がいくらか。また、住んでいる場所や物件の場所も問われます。

もちろん物件の担保価値も大事で、そこでは建物築年数や土地の評価がポイントとなります。

これだけで本が一冊かけそうなくらい、たくさんの知識が必要です。

また「その人によって」「その物件によって」「その市況によって」使える金融機関が変わりますから、ある物件を買いたいAさんとBさんがいたら、2人が使える金融機関も融資条件も変わる可能性があります。

さらに、その年であればAさんもBさんも融資が受けられるのに、その数年後に再度打診をしたら融資が受けられないケースもあります。

それくらい融資を使うのは難しく、「融資」と「買う」を一緒に行おうとすると初心者は混乱します。

一番大事なのはすぐに買えること。

そもそも安い物件をローンで買うような人を不動産会社は相手にしません。安い物件は基本的に奪い合いですから、ローンを使おうとする限り、あなたは一番手にはなれません。

ですからローンは二の次です。普通に現金で自分の予算内で買ったほうが話が早いです。まずは不動産取引に慣れることです。それには現金が一番いいのです。

不動産に融資を使うというのは、車のマニュアルの運転のようなものです。現金で買うのはオートマチックです。マニュアル車をいきなり上手に運転するのは困難です。

ローンを組んで現金が多く残る物件を買うのは、中級以上向けということを肝に銘じておきましょう。

6 法則 リフォームの基本は……切る・貼る・塗る・隠す

初心者のあなたが買うのは、「とにかく安価な戸建て」ですから、今すぐ貸し出せるようなピカピカな物件ではありません。

必ず何らかの手を入れて商品化する必要があります。では、商品化するためにはどうすればいいのでしょうか。

戸建てを前提に説明すると、まず客付けは非常に簡単です。それは区分マンションやアパートと比べて広さがあり、隣人の音の干渉がありません。ペットを飼うこともできますし、駐車場もだいたい付いています。「戸建てでないと住めない」というニーズは確固として存在するのです。

ただし、古くてボロボロというデメリットもあります。

ここでポイントなのは、物件が安価であってもリフォーム代にお金をかけてしまったら意味がありません。したがって、多額の費用をかけずに「ほどほどにきれいであれば大丈夫」というターゲットを狙うのが正攻法です。

戸建てを好む入居者は「外壁のきれいさ」よりも「室内のきれいさ」を重視する傾向があります。

壁については、塗装やクロス（壁紙）で対応しましょう。ホームセンターに行けば安価で買うことができます。

また床が畳であれば、じゅうたんやゴザを敷けばいいでしょう。印象を左右するのは壁・床・天井が大部分であり、そこをリフォームするのが効率的です。設備を刷新するよりも、面積が広く目に見えやすい部分をきれいにしたほうが部屋のイメージは良くなります。

リフォームでは「隠す」ということも重要です。穴が開いている物件はクロスを貼って隠しましょう。そうすれば壁を押して確かめない限りわからないものです。

実際、プロが穴を直す場合は、「ファイバーテープ」という荒く平織に織り込んだ布の上にパテを塗り、壁と水平にしてクロスを貼ります。

そのほか建具の傷などもシールを貼って隠せば、見た目はきれいになります。

次に水回り全般は、プロパンガス業者からサービスを受けるのがおすすめです。

プロパンガス会社は都市ガス会社よりもシェア競争があるので、消費者としては享受できるメリットが大きくなります。

とくに関東圏、東海圏、北海道はエリアにもよりますが、プロパンガス会社はさまざまなサービスをしてくれます。

たとえばキッチンが新品になったり、シングルレバー水栓がもらえたり、トイレはウォシュレットがもらえたり、浴槽が新品になったりします。なお、3点（洗面・浴室・キッチン）でお湯が使えるようお願いすることは大前提です。

ただしエリアによって事情は異なるので、先輩大家さんに聞いてプロパン会社を紹介してもらうのが得策です。これで最初のリフォームコストを大幅に削減できるはずです。

ちなみに、プロパンガスの料金は都市ガスに比べて高く、マンションやアパートの入居者はそれを気にする人が多いです。一方、戸建てはファミリー入居が多く、ガスをたくさん使うせいか、料金を気にする入居者は少ないです。

多くの不動産投資家は「どこをリフォームすれば効率的か」ということを知らず、とくに遠隔の物件を運営していると、業者任せになって費用が高くつきがちです。

また、地主さんのなかには満室へのこだわりが弱く、管理会社から「1室くらいなら空いていても大丈夫」と考えられているケースもあります。

そうした物件は往々にして原状回復もせず放置されていることが多いので、きれいにすることで競争力を持つ物件に化ける可能性は十分にあります。

くわしいリフォームノウハウは、私の前著『１００万円からできる「地方・ボロボロ一戸建て」超高利回り不動産投資法』（日本実業出版社）に図解入りで記載がありますので、ご覧いただけたらうれしく思います。

最後に注意点です！

「切る・貼る・塗る・隠す」で済ませるためには、ボロ戸建ての選び方に気をつけてください。初心者は和式トイレ、雨漏り、傾きがある物件は避けましょう。これらは「切る・塗る・隠す」では対応できず、プロに依頼する必要があります。

とはいえ、戸建てを３軒程度買うと経験が積めるので、逆に次はこうした難易度の高い物件を狙うことで多額の利益を残せます。

そのため、１軒目は「切る・貼る・塗る・隠す」で済ませる戸建てに狙いを定め、４軒目以降に難易度が高い戸建てを狙うのも一つの方法です。

斬切る
貼る
のり
塗る
隠す

7法則 学ぶべきは買いから売りまで

ともかく、「買ってから売るまでをいち早く経験すること」という不動産投資の流れをひと通り経験するのは非常に重要です。

そもそもなぜ私が最初に築古の戸建ての購入をすすめているのかというと、これ以上値段が下がる可能性が低いため、その不動産がどういう動きをするのか、自分の財布にどういうダメージを与えるのか、どれくらいの税金がかかるのかを体感して学んでほしいからです。

どんな投資家も最初から100％わかって勝負しているわけではありません。成功する人は小さくはじめて徐々に大きくしている人が大半です。

多くの人は、〝例外〟にフォーカスしがちです。たとえば、「属性が悪くても不動産投資できている人がいる」「最初から大きい物件を買って大成功している人がいる」などです。

しかし、例外はあくまで例外です。重要なことは〝例外〟ではなく〝王道〟にフォーカスすることです。

世の中の不動産投資本は、あまりに「キャッシュフロー」だけにフォーカスしすぎている印象を受けます。

この問題点は「売却を考えていない」ことです。とくに税務の知識はキャッシュフローを残すのに必須です。購入時に売却のことがわかっていないと、お金は手元に残りません。

著名大家さんのなかでも売却をしていない人がいるようです。それを真（ま）に受けて、「サラリーマンを卒業できるくらいのキャッシュフローを得られたら成功！」と考え退職する人が多くいます。

しかし、それは間違っています。不動産投資における〝利確〟は、売却を終えないと決定しないのです。

とにかく初心者は失敗を恐れすぎて、すべてを学んでからはじめようとする人も多いのですが、学びきるのはそもそも不可能です。

セミナーに参加したり関連書籍を読み漁ったりして知識を身につけようとする人は大勢いますが、実践でしか学べないことも多々あります。私自身、不動産業界に17年いましたが非常に奥が深いと感じています。

ただし、戸建てにのみフォーカスするのであれば、実はカンタンです。

安く買うことさえできれば、いくらでも後から学べます。むしろ、買ってから学んだほうが知識の定着率が高いといえます。まずはとにかく買って、自分で経験しながら学び、売却までを経験してみることです。

最初は小さな失敗をして知識の定着を図るのが、不動産投資家として成長するための最短ルートだと確信しております!

また、「売却まで」といいましたが、実際には売らなくても構いません。前提として「売ることを想定して買う」のが重要です。

そして、所有しながらも「いくらで売れるのか」を常に意識しておきましょう。

START!
①
BUY
②
③
REFORM!!+RENT
SELL
④
GOAL!!

コラム column 3

物件ではなく数字に惚れるべし

不動産投資では、「3歩引く」という心構えが大切です。

不動産投資初心者の多くは「買いたい病」に取りつかれています。物件を買うこと、つまり大家の一員になることが目的になってしまっているのです。

しかし、不動産の価格は安くても1000万円以上、多くは1000万円以上します。億を超える物件だって珍しくありません。一度の失敗が致命的なダメージをもたらす可能性もあり、通常の買い物とはまったく違うわけです。ですから、最初から全力投球するのは、あまりにもリスキーです。

そもそもの話として知っていただきたいのですが、不動産投資はあくまで副業なので、本業を邪魔するものではありません。

そのため「物件ではなく数字(データ)に惚れる」という思考が重要です。

そして、不動産投資が自分に合ってい

るかを確かめるために、安く買える戸建てからスタートすることをおすすめします。

「メガ大家」と呼ばれる人たちも、最初は小さくはじめて失敗から学びつつ拡大している方のほうが長く生き残っているケースが多いです。

とくに不動産投資の場合では、不動産会社の営業マンは嗅覚が鋭く、あえて誤解を恐れずにいうと初心者からお金をむしり取る技術に長けているものです。

しかし、１００～３００万円程度の戸建てなら、業者もお金にならないので手を出してきません。だまされて粗悪な物件を買うリスクは極めて低いといえます。

とはいえ、最近の傾向で土地建物で３００万円、リフォーム代３００万円、合計６００万円で家賃６万円利回り12%想定で戸建てを販売してくる会社がありました。中がきれいになるし、数字も一見悪くないように見えるのですが、リフォーム代に利益が倍額以上も上乗せされていることもあり注意が必要です。

とくに築古戸建ての場合、ＲＣや木造アパートと比べて購入を急かす不動産会社は数が少ないので、感情ではなく数字でしっかり分析して購入可否を判断しましょう。

繰り返しになりますが、不動産投資において最も大切なのが「安く買うこと」

です。

不動産投資とは実はシンプルで、「最初に相場よりある程度安く購入できれば失敗しにくい」ビジネスです。

買うときに失敗するのが三流です。あえて客付けなどが難しいエリアで、リフォームがたくさん必要な物件を買って、安く工事を行って、高く売り抜けるのが一流です。

ただ、そうしたことも失敗によって気づかされる部分が多々あります。だからこそ、最初は「失敗しても致命的なダメージにならない安価な戸建て投資」をおすすめしているのです。

第4章

100万円からはじめる戸建て投資　実践編！

事例①

横須賀の戸建てを、米軍に貸して利回り約26％を達成

東京都在住・サラリーマン

K・Dさん（31歳）

購入時期：2019年
エリア：神奈川県A市
購入価格：270万円
築年数：築35年
リフォーム費用：約10万円
利回り：約26%

――東京都在住のK・Dさんは市役所にお勤めする公務員です。将来の不安と親が不動産を持っていることから不動産投資に興味を持って、私の運営するコミュニティに参加されました。物件を購入したのは2019年1月中旬、神奈川県A市で3DK270万円の築古戸建てです。

「見つけたのはネットです。アットホームに公開された翌日に電話で問合せをして、1週間程度で内見。思った以上にキレイな物件で、修繕にそこまでお金がかからないと判断して買付けを入れました。固定資産税評価額とほぼ同額で購入できました。現状有姿・公簿売買・瑕疵担保（現在の契約不適合責任、以下同様）免責という条件です」

——300万円以内で購入した戸建てですが、内外装の状況とリフォームプランはどうしたのでしょうか？

「内装は比較的よい状態でしたが、エアコンが古いので交換が必要でした。また、フローリングの床と畳がブカブカしており、床の張替えと畳の表替えが必要でした。壁紙も汚れたり破れたりしており、張替えをしなくてはいけないような状況です。これらはリフォーム会社に見積りを取りました。外壁は多少チョーキングはあったものの、すぐに対応するほどではないと判断して、そのままにする予定です。あと、懸念事項といえば、内見時にシロアリ被害の確認を見落としていたので、シロアリの調査もお願いしました」

――リフォームの見積りの結果はどうでしたか?

「シロアリ疑惑については事前調査の結果、シロアリ被害が発見されずセーフ。畳は表替えだけでなく、畳自体の交換です。またフローリングの床も張替えが必要で、40万円という見積りが出ました」

――K・Dさんは結局どのように安く修繕したのでしょうか?

「エアコンや給湯器は黒崎さんに教えてもらったフォーマットに沿って聞き込みし、プロパンガス業者に無料で対応いただきました。また、玄関カラーモニターフォンとシングルレバー水栓、サーモ付き水栓等も施主支給で無料で取り付けをお願いできました。あとはすべてＤＩＹです。壁紙は、黒崎さんが主宰したホームセンター講習で習った知識を基に、壁シール（コーキング剤）で補修して、水性塗料で塗装しました。畳はゴザを敷いて汚い畳を隠しました（いずれもＤＩＹ）」

――上手にプロパンガス業者を使いましたね。フローリングはどうしましたか?

「フローリングは先輩大家さんの修繕体験に参加して、丸ノコの使い方を教わり、また床の一部だけ切り抜いて、木の板をはめ込むアイデアをもらい、なんとかＤＩＹで対応しました。あとシロアリは、被害がなさそうだったので、ホームセンターのスプレーと毒エサを設置して終わりにしました」

――全部で修繕費用はどれくらいかかっていますか？

「40万円から10万円に圧縮できました。期間は1か月です。完成してからの客付けですが、正直なところ、当時は知識があまりなく、客付けの賃貸仲介会社も回ったことがなく、ほぼノープランでした。そのときは3社くらい回ってお願いしてみようかなくらいの軽い気持ちだったのですが、黒崎さんの勉強会でちょうどその方法が聞けたのでそのまま実行しました」

――入居者を探すために具体的にどんなことをしたのですか？

「近隣の賃貸仲介会社をすべて回りました。今思えば、抜け漏れが多かったですが、1月の物件引渡し日に客付けを依頼して、まだ修繕している1月末ごろに申し込みがあり、2月下旬に家賃6万円で入居が付きました。婚約者が米軍の方で、勤務地から近くて、子どもを含めた家族で安く住める戸建てを探していたそうです。日本語がほとんど話せない方の入居なので、管理会社に管理をお願いしています」

――すごく早く決まったのですね！　今後、この戸建てはどうする予定ですか？

「すぐに売却する予定はありませんが、様子をみながらオーナーチェンジ物件で利回り15％程度に引き直して売却したいと考えています」

事例2 コロナ禍でも立て続けに激安物件を購入！

埼玉県在住・サラリーマン
T・Mさん（48歳）

――T・Mさんは埼玉県で購入しているんですね？

「はい。まずA市で110万円、B市で180万円、いずれも3DKの築古戸建てを購入しました。どちらもアットホームに掲載されて1か月以内でした。現状有姿、公

物件①
購入時期：2020年3月
エリア：埼玉県A市
購入価格：110万円
築年数：築50年
リフォーム費用：100万円（想定）
利回り：約25%（想定）

簿売買、瑕疵担保免責で購入しています」

――物件の状態はどうでしたか？

「まず、A市は内装、外装ともにボロボロの状態でした。1階キッチンの床に穴が空いており、廊下も穴が開きそうなほど傷んでいるため、床の造作が必要でした。リビングの畳も古いのでクッションフロアへの変更。ほか洗濯機置き場がないためクローゼット内に設置を自分で行う予定です。あとは、クロス張替え、ふすま張替え、ウォシュレット取り付けですね。キッチンは最安のものを購入して設置します」

――さすがに安いのでかなり修繕が必要ですね（汗）

「まだありますよ。トイレは85×85の激狭でくみ取り式の和式トイレなので、斜めに入るタイプの洋式トイレにグレードアップします。あとは、業者に下水道への接続を依頼する予定です。外壁塗装、雨漏りの修繕、畳の表替え、クリーニングは業者さんにおまかせします」

物件②
購入時期：2020年5月
エリア：埼玉県B市
購入価格：180万円
築年数：築51年
リフォーム費用：30万円（想定）
利回り：約25%（想定）

――自分で行う部分と、プロに頼む分を明確にわけているのですね！

「そうです。あとは風呂釜の交換、3点給湯の設置と給湯器の交換、エアコンはプロパンガス業者にお願いしたいと考えています」

――B市の物件はどうなのですか？

「屋根と外装はリフォーム済みで問題なし。内装のみ修繕が必要です。ＤＩＹで行うのは洗面台の撤去、ウォシュレットの設置、ＣＦの施工、和室から洋室へのグレードアップ。クロス張替え、庭の樹木伐採で

す。最安キッチンの購入、設置も行う予定です。

あとプロに依頼するのは、クリーニング、浄化槽の点検。プロパンガス会社にお願いしたいこととして、風呂釜の交換、エアコン、3点給湯、洗濯機置き場の設置を予定しています」

――プロパンガス会社に期待ですね？

「はい。ぼちぼちＤＩＹは進めていますが、安いリフォーム業者を探さなくてはいけないです。リフォーム費用込みでそれぞれ利回り25％程度を目標としています」

――なるほど。順調にいくといいですね！

事例3

見積りが予算オーバーしたものの、激安修繕で利回り約39%!

東京都在住・サラリーマン

K・Iさん(33歳)

購入時期:2019年
エリア:埼玉県C市
購入価格:120万円
築年数:築43年
リフォーム費用:50万円
利回り:約39%

――K・Iさん、どんな物件を購入しましたか?

「埼玉県で昭和51年築の3DK戸建てを120万円で購入しました。売れ残りではなくて、アットホームの新着情報で知りました。物件の状態ははっきりいってボロボロ

です（笑）。トイレも和式トイレでしたし」

——どのようにリフォームしたのですか？

「まず最低限のリフォームで貸し出すつもりで、リフォーム予算を100万円としました。和式トイレを洋式トイレにする工事と、中2階のさびた屋根と外壁の修繕です。お風呂のバランス釜をホールインワンの浴槽にする工事は、プロパンガス会社の無償貸与を受ける予定でした」

——順調にいきましたか？

「それがダメでした。購入してからリフォーム会社に何社か見積りを取ったものの、250〜400万円もして大幅な予算オーバーです。また、最低限で貸せるか何社か賃貸仲介店回りもしましたが、貸し出せる内装ではないと拒否されてしまいました（泣）」

──ちょうどK・Iさんに初めてお会いしたときに困ってましたね。

「そうなんです。途方に暮れていたときに黒崎さんに会って相談にのってもらったら『できることは何でもDIYだ!』とアドバイスいただきまして、DIY中心のリフォームに切り替えました。ただ、今まで経験がなかったので、ゼロワンクラブの先輩大家さんから助言をいただきながら作業しました。屋根で一部雨漏りがあったので、高所作業は職人さんに依頼しました。その結果、DIY費用と一部外注をして約50万円。もともと250~400万円の修繕費が5分の1から8分の1になりました!」

――それはすごいです！　入居はどのように決まったのですか？

「それがリフォーム中に決まったのです。一般的にはリフォームが終わらないと、仲介会社は募集してくれません。それが『ジモティ』から募集したら反応がありました。ボロい内装のまま内見をしてもらったところ、気に入っていただけました。内見者の感触を得ながら、リフォーム代をコントロールできたのは本当によかったです。DIYをしていたため、物件購入から半年かかりましたが、ご入居いただけました」

――気に入った理由はなんだったのでしょう？

「法人さんが借りてくれたのですが、賃料は駐車場が付いて近隣より安く設定されていたこと。敷金0・礼金0にして初期費用を抑えていました。あとは募集時に『DIY可』とし、自由度をPRしていました」

――素晴らしいです！　今後はどうされる予定ですか？

「出口はまだ先になりますが、利回り15％で売却することを想定しています。すると、約270万円の売却益が得られる計算です」

――売却までうまくいくといいですね。成功をお祈りしています！

事例④ 25歳で激安戸建て投資デビュー

埼玉県在住・サラリーマン

Y・Kさん（25歳）

購入時期：2019年11月
エリア：埼玉県D市
購入価格：220万円
築年数：築43年
リフォーム費用：45万円
利回り：約22%

――これまで不動産投資をしたことはあったのですか？

「いいえ、経験は0です。不動産の勉強をはじめてからまだ半年程度です。黒崎さんにお会いしたのは、勉強して2か月目のタイミングでした。黒崎さんの本と、あと10

冊くらい読んだとき、メールで流れてきた黒崎さんのリフォーム体験会の通知を見て、即参加を決意しました」

――はじめて購入した物件はどんな物件ですか?

「埼玉県で昭和53年築の220万円の3DK戸建てです。問合せも多かったのですが、買付けを出したのは3人で、ほかが180万円、200万円で、220万円の私が一番高く買っていると思います。そもそも建物じゃなくて土地として販売しているんですよ。アットホームに物件が出て、問合せた週末に物件を見学しています」

――たしかに人気のある物件の大幅指値は難しいですね。リフォームプランはどのように決めましたか？

「内装も築古感が強かったですが、傾き、雨漏りはなく建物自体に問題はない物件でした。リフォーム箇所は結構ありましたよ。トイレ前の床がブカブカしており、張替えを予定していました。あと、リビングが土壁なのでクロスを貼ろうと考えました。ここまでがＤＩＹで、給水管の漏水があったため、その漏水修繕のみ業者へ見積りを取りました。外壁は多少チョーキングはありましたが、すぐに対応する程ではなかったので、そのままにしています」

――どうやってリフォームコストを減らしましたか？

「ホームセンターでリフォーム材料を調達（クロス・ＣＦ・玄関の鍵・シングルレバー水栓）しました。トイレ前のブカブカした床はジモティで大工さんを募集して、５０００円で部分補修してもらいました。給湯器とキッチンコンロはプロパンガス業者に無償対応いただきまして、修繕費25万円と給水管漏水工事20万円を足して45万円でおさまりました。

――安く済みましたね！　客付けはどのようにしましたか？

「入居募集はジモティを使いました。『ハイライト』『定期リフレッシュ』などオプションをケチらずに使うのがコツだと思いました。おかげでリフォームして2か月後には入居が決まりました。22歳の子持ち夫婦です。たまたま現地でリフォームしていたので自分が内見対

応したところ、奥さんがかなり気に入ってくださいました。なんといっても、この戸建ては家賃が安いです。3LDKもあるのに家賃5万円ですから！　さらに初期費用が火災保険のみにしました。その代わりといってはなんですが、短期解約違約金設定や保証会社は必須としました」

――よい形で貸し出せましたね！

「はい。賃料5万円で取得費用はリフォームだけでなく、不動産購入時の購入手数料＋登記費用や交通費まで含めると300万円程度になりました。今後については、すぐに売却予定はないですが、オーナーチェンジ物件で高く出して、様子を見ながら利回り15％程度に引き直して売却したいと考えています」

――初心者にアドバイスするなら？

「ある意味、自分で考えないほうがいいと思います。知識は行動から少し遅れて自分のものになる印象があります。あとは激安戸建てとはいえ、100万円を超える買い物ですから、やっぱり怖いです。しかし、恐怖に支配されてはいけません。感情に負けないように、先輩の物件を見に行って慣れることが大事だと思いました」

――なるほど。リアルなご意見をありがとうございました!

第5章

経済的自由の考え方

あなたは今の生活に満足していますか

「もう会社勤めを辞めたい」
「他人からの干渉を受けない暮らしを送りたい」
「自分の時間をコントロールできる権限がほしい」
「会社の飲み会で上司のグチを聞くのはたくさんだ！」

そうした思いを持つ人は多いでしょう。

私自身、同じような気持ちを持っていました。私の場合、正直な性格で根回しが下手でしたし、会社の仕事上での飲み会などは意味がないとも思っていました。

接待はともかく、飲み会は断る選択肢もあるわけですが、現実の社会ではなかなか難しい側面もあります。「付き合いが悪いヤツだ」と思われるくらいならまだしも、ひどいケースだと転勤予備軍にされたり、窓際に追い込まれたりするところもあるようです。

そうならないためにあらゆる手を使って根回しをしたり、行きたくもないゴルフに参加したりと、多くのサラリーマンは努力しています。

がんばってはいるものの、会社には幸せそうに見えない先輩がたくさんいました。私のなりたくない「萎えたオヤジ」です。

また、自分が30歳を超えると両親は病気がちになり、お金がかかるようになりました。こうした親の介護に加えて子どものいる家庭であれば、教育費などの負担も大きくなってくる年代でしょう。

そういった理由で会社を辞めにくくなったり、生活レベルを落としたりするのは不本意ではありませんか？

東京や大阪などで働く人のなかには、「出世してやる」「人並み以上の生活は送りたい」という野心を持って都会にやって来た方も多いはずです。

それが30歳を過ぎると、将来のライフプランが見えてくるものです。

私の場合、30歳を過ぎた段階で「自分はせいぜい課長がいいとこだな」「年収はこれくらいだろうな」と、将来に対してあきらめの気持ちが強くなりました。

そこでファイナンシャルプランナーに相談をしたら、「40歳で教育費がこのくらいかかって、50歳の段階でこれくらいの資産があります」といった指標が確認できました。すると、思うわけです。「自分は限られた収入のなかで、こんなにも慎ましい人生を送るために生まれてきたのか？」と。

人生は1回きり。我慢したり、あきらめたりするのは避けたいものです。

私は田舎育ちで、東京に出ることに憧れを持っていました。周りには、親の希望で地元を出られない、学費が払えないから泣く泣く地元にとどまる人間が大勢いました。そのころから「何かを理由に自分の可能性が狭められるのは嫌だ」と考えていました。私も親からは地元にいるよう言われましたが、なんとか東京のそれなりに知名度のある大学に受かって上京させてもらいました。

ただ、憧れの東京ライフが待っていたのかといえば、そんなことはありませんでした。かつてのトレンディドラマ『東京ラブストーリー』や『やまとなでしこ』などで描かれる華やかな人生は送れず、いわゆる「非リア充」だったわけです。

街にはおしゃれなお店が立ち並び、たくさんの人が行き交い、ものすごいスピードで変化していきます。

テレビドラマで出てくるような、きらびやかな生活を私は本当に求めていたのか……そうしたことを上京してから少しずつ考えるようになりました。

就職すると、そんな悩みは消えていきます。

むしろ会社員とは一種の洗脳であり、忙しく働いていれば、ある種の感覚は失われていくものだ、と言ったほうが近いかもしれません。

会社は、社員が辞めないギリギリの給料を支払って「安定」を提供する代わりに、そこで働く人を洗脳して思考を限定させます。

つまり、狭いコースを何周も何周も走らせるわけです。一度でも止まったり、コースアウトしたらそこで終了。

だから思考停止になってでも走り続ける……今思えばそうしたことをサラリーマン時代には求められていたように感じます。

でも、この本を手にとってくださったあなたは、そんな生活に疑問を持っているのではないでしょうか。

　あなたの上司を見てください。それがあなたの将来の姿です。

　同じような人生を望みますか？　会社に振り回されながら、あと何十年も働きたいですか？

　もし嫌だと思ったのなら、生き方を変えたほうがいいです。

「生き方を変える」うえで、できること。その一つは副業です。

　わずか数千円でもいいのです。少しでも会社以外の収入を得られるようになれば、自分の可能性に気づけるはずですし、精神的なゆとりも生まれます。

まずは5万円から稼いでみよう

人間が抱くモチベーションのなかで一番大きなものは何かわかりますか？

「恐怖」です。喜びや達成感ではなく、恐怖が最も人を強く動かします。

では、恐怖のなかで一番大きなものはなんでしょうか。

それは「お金」です。「お金が無くなるんじゃないか？」という不安を抱くと、大半の人は本能的には嫌だと思う行動に対しても思考停止になります。


考えてみてください。

満員電車で通勤するのはなぜですか？

満員電車に心から喜んで乗っている人はいないはずです。生物本能的にも人が密集している場所はストレスがかかるようになっています。

では、なぜ満員電車に乗ることを止められないのでしょうか。

それは「会社に行かないと、お金を得られないから」です。

正確にいうと、「会社に行かなければお金が得られない教育を受けているから」です。

だから我慢し続けながら出勤するわけです。

税金を徴収する政府の立場からすると、余計なことを考えずに毎日真面目に働いて、税金を収めてくれるサラリーマンの存在は非常にありがたいものです。

しかし個人の幸せにフォーカスして考えるならば、喜ばしいこととはいえません。

ですから、今の生活が満足いくものではないのなら、まずはささやかなお金を手に入れるところからはじめるべきです。

とはいえ毎月の給料を5万円も上げるなど至難の技です。できたとしても何年もかかったり、大きな成果を出したり、出世しなければならないでしょう。しかも上がったら上がったで責任は重くなり負担は大きくなります。

しかし副業であれば、毎月5万円を稼ぐのは難しいことではありません。家賃5万円の戸建てを1軒買えば、毎月家賃収入5万円を得ることができます。

いきなり20万円、30万円はハードルが高いですが、5万円程度であれば誰でも稼げるレベルです。

副業が安定してくれれば、以前のように会社にしがみつく必要はなくなります。不要な飲み会も断れる勇気を持てるでしょうし、社内の根回しなど気を遣う必要もなくなるはずです。

ただ、私はサラリーマンを否定しているつもりはありません。

むしろ何が起きるのかわからない現代の社会情勢においては、安定収入があることは大きなリスクヘッジになります。

ですが、たとえば「希望しない海外転勤の辞令が突然おりたとき、断れない状況にある」ことがいいのかというと、そんなわけはありません。

人事は家族構成などを見て「断れない」人間に転勤辞令を出すこともあり得ます。

それがマイホームの購入後、子どもが生まれたあとなど「逃げられない」「辞められない」と思われると、無理難題を押し付けられたりするそうです。

それを避けるために上司のご機嫌をうかがって、行きたくもないゴルフにお供したり、お歳暮を贈ったり「ゴマすり」をしている……ということもあるでしょう。

そうした際にしっかり稼いでくれる副業があれば、きっぱり断って転職する道を選ぶこともできます。もしくは、副業が育って年収を超える利益を出せるようになっていれば、私のように会社員を卒業する選択肢も持てるはずです。

完全実力主義の会社は別ですが、多くの日本の大企業では「忖度」（そんたく）が強く機能しているので、実力とは関係ない部分が非常に重視されがちです。

しかし、そうした会社も今回の新型コロナウイルスの影響で、変わらざるを得ない状況に追い込まれることでしょう。

いくら忖度しても利益は上がりませんから、価値の生み出せない人間はどんどんリストラされるようになります。

そして一度でもそういう流れになってしまえば、もう後戻りすることはなく、忖度ではなく実力が求められる時代になっていくでしょう。

そうなると結果が出せない人は切り捨てられることになり、やはり会社の収入だけに頼るのはハイリスク……という考えにいきつくのです。

毎月
一万円
一万円
一万円
一万円
一万円
ガタン
ゴトン
ギュウ。。
ペコ
ペコ
カタ
カタ
同じ
＋5万円
プラス
どちらを　選びますか？

成功に導くための法則

ほとんどのビジネス書や自己啓発書は、高いモチベーションやコミュニケーションスキルを身につける必要性を説いています。マインドセットは確かに重要ですが、それらは短期的な成功しかもたらさないと考えています。

私は、『7つの習慣』（スティーブン・R・コヴィー 著）を読み、「人生においては友人の存在や、根本的な人格育成が大切」であると学びました。

私的成功を追い求める理由は、単に私的成功を得るためではなく、公的成功を得るための手段として必要であると気づいたのです。

つまり、私的成功は「人生の目的である公的成功を実現するための手段」に過ぎないのです。

この書籍には最初に「すべてに対して主体的になることが大事だ」という趣旨が書かれています。つまり、「起きたことのあらゆる責任は、自分が原因である」と考えるのが非常に重要だということです。

不動産投資で失敗したのは安く売ってくれなかった仲介会社のせい、違ったアドバイスをした管理会社のせい、仕事でうまくいかないのは上司や会社のルールのせい……そのように考えていると、いつまで経っても前に進めません。

「あらゆる失敗は自分に責任がある」と考えて、はじめて一歩前進できると説いています。

とくに不動産投資の場合、自分は社長であり、ビジネスオーナーです。

どれだけ「○○が悪い！」と言ったところで誰も同情してくれません。副業といえど、誰かに雇われているわけではないのですから、主体性を持って取り組む必要があります。

『7つの習慣』には、何かに対して「反応」することは避けなければならない、と書かれています。

たとえば、突然会社から地方の子会社に出向になり、給料が減ったとします。このとき、「うわー、困った！」と反応するのは間違っているというのです。あくまで起きた結果に対して「自分の責任」と受け止め、そこから対処法を考えるのです。

これが『7つの習慣』に書かれている1つ目の大切なポイントです。

2つ目のポイントは「終わりを思い描く」です。つまり、自分が死んだときを具体的に想像するのです。

あなたが亡くなったとき、誰に、どんな弔辞を読んでもらいたいですか？

あなたのためにハンカチをぬらして泣いてくれる人がどれだけいるのか。心から悲しんでいくれる友人はいるのでしょうか。

そんな人を増やすためには何をすべきだと思いますか？

私がこの問いに対して出した結論は、「まず自分が幸せになること」でした。

よく「お腹がすいている人は自分のパンを他人に与えられない。だからまず自分のお腹を満たす必要がある」といわれますが、まさに同じです。これはボランティアの精神においても当てはまるでしょう。

そのためには、まず自分が金銭的にも時間的にもある程度の自由を得なければいけません。それが社会貢献できる最短の近道と私は考えました。

お金がないと、お金に振り回されてしまいます。

優先すべき大切なことは？

『7つの習慣』で書かれていた重要なポイントに「大切なことを優先する」とありました。同書のなかでは「時間管理のマトリックス」と呼ばれており、「緊急度」と「重要度」で4つの領域に切り分けています。

この4象限のなかでもっとも重視すべきなのは、次ページの表の左下の第Ⅱ領域「重要だけど緊急ではない」と書かれています。たとえば、豊かな人間関係の構築、自分や家族の健康を大切にするなど急ぐ必要はありませんが、時間をかけて一生懸命に取り組むべきことです。

『7つの習慣』には、ほかにも「毎日コツコツ頑張って人格者になること」の大切さも説かれています。人格者になると、幸せが舞い込んできやすくなるとも説いています。『7つの習慣』は本で読むのがおすすめですが、読書が苦手な人は中田敦彦さんのＹｏｕＴｕｂｅでも『7つの習慣』や、私が大家さんをはじめるきっかけにもなった『金持ち父さん 貧乏父さん』も解説しているので、そちらの動画を視るのもおすすめです。

時間管理のマトリックス

	重 要	重要ではない
緊急	第 I 領域 ・危機や災害、事故、病気 ・締め切り直前のタスク ・クレームへの対応 ・重要な会議	第 III 領域 ・無意味な電話やメールへの対応 ・多くの会議 ・無意味な接待や付き合い ・多くの報告書
緊急ではない	第 II 領域 ・健康のこと ・子どもの進学のこと ・父母の老後のこと ・豊かな人間関係の構築	第 IV 領域 ・長時間、必要以上の息抜き ・だらだらとした電話 ・世間話 ・その他無意味な行動

不動産投資はあくまでツール

最後に本質的な「手段」と「目的」の話をしましょう。

不動産投資とは、本業以外で収入を得るための一つの手段にすぎません。

そして、お金を稼ぐことも手段の一つでしかありません。

では、何が目的なのか。

それは「幸せ」や「自由」です。ここを見誤ってはいけないと思います。


あなたにぜひ知っていただきたいのは「楽しい人生を送るために、たくさんのお金は必ずしも必要ではない」ということです。

お金はあなたに一定数の幸せをもたらします。しかし、いくらお金があっても絶対的な精神的自由は得られません。「お金持ち＝幸せ」ではないのです。

そして、あなたは「お金持ち」になる目的がゴールではなく、「幸せになりたいからお金持ちになりたい」と考えているはずです。

つまり時間やお金に縛られることなく自由を謳歌したい。これがあなたの求めている幸せの姿だと思います。

だとすれば、物件を買うことがゴールではありません。また、不動産投資で利益優先に突っ走るのも間違っています。


不動産投資は結果が「数字」として出てきやすいので、ついついより良い数字を求めてしまいがちです。それを競い合う情報も氾濫していますし、とくに高属性の方々は「与えられたルールの範疇（はんちゅう）で競争する」のを得意とする人が多いので、手段と目的を混同してしまうケースが多々あります。

また、不動産を買うのが目的化していると、「買い進めて規模拡大するのが正義」だと間違った解釈をしてしまいます。

ここで、重要なのは「あなたが必要なお金はいくらなのか」です。それによって、買い進めることは間違った選択となる場合もあるのです。

自分に必要なお金を調べる方法は簡単です。月々の収支を計算してください。そして生活費を算出しましょう。その金額があなたの不動産投資で稼ぐべき金額です。

私はこれが計算できているので必要以上に物件を買い増ししません。

買うことが目的化している人は止まる術（すべ）を知らないので、とにかく規模拡大が正しいと思い込み、お金では買えない貴重な時間を浪費しています。

それが本当に自分の求めていた幸せなのか、よく考えていただきたいのです。

不動産投資の目的が「経済的自由を得ること」ならば、自分が必要な金額を稼げるようになったら、あとは自分の幸せを追求してください。お金に追われる生き方をしている限り、それはサラリーマンと変わりません。

あなたの人生の目的は、お金を稼ぐことではないはずです。「お金がほしい」という思考のブロックをまずは外しましょう。

たしかにお金はあるにこしたことはありませんが、仮に１００億円を手にしたら、あなたは有益な使い道がすぐに思いつきますか？

海外旅行へ行くのも、高級車に乗るのも、ひと晩に数百万円も散財して豪遊するのも、それが「非日常」だから夢を描けるのであって、日常的にできる状態になったら長く続けられないはずです。

表面的な幸せではなく、あなたなりの幸せをぜひ見つけてほしいと思います。

あなたに必要なのは
いくら？
外食費
医療費
子供の
養育費
車
娯楽費
ブランド
品
マイホーム
親の
介護費
etc.
etc.
保険
学習費

あなたの目指す将来を手に入れよう

私は不動産投資をはじめて経済的自由を手にしたわけですが、成功の定義についてはまだわからないままです。

それでも、自由な時間とお金は得られましたし、それによって家族を幸せにしたいと考えるようになりました。

また、不動産賃貸業でかかわるすべての方々、投資仲間やコミュニティのメンバーさんたちも幸せにしたい想いが強まりました。

たとえば、超一流ホテルに泊まって優雅な食事を楽しむとします。もちろん1人でも満喫できるのですが、1人よりも2人、2人よりも5人、5人よりも10人いたほうが絶対に楽しいはずです。

それを実現するために、「まずは自分の周りの方から幸せになってもらいたい」という気持ちで行っているのが現在運営しているコミュニティです。

そして今は、それらと同時に社会貢献をしたい気持ちが増しています。

このきっかけとなったのが、先ほど紹介した『7つの習慣』という名著です。

不動産投資は他の投資や副業と違い、経済的自由を得やすいビジネスです。

今回のコロナショックの影響で、株も物販も厳しい状況に追い込まれています。

しかし不動産は衣食住の「住」を担っており、人間が生きていくうえでは絶対に必要なものです。需要が完全にストップするなどあり得ません。

ですから、不動産投資周辺でもネガティブなニュースはたびたび出ていますが、一時的な経済クラッシュでダメージがあったとしても、長期的に見れば安定的なビジネスモデルです。今後も不動産投資で大きく稼ぐ人がどんどん出てくるでしょう。


ただし、繰り返し述べているように、人生はお金ではありません。

この言葉の意味が今はまだわからない方でも、経済的自由を手にすれば必ず「お金で買えないもの」の存在……自分1人では実現できないような夢に気づくはずです。

私の場合、お金だけの人間関係がいかに希薄か、小中高校時代など昔の友人がどれだけ大切な存在だったのか再認識できました。

同時に、自分がいかに当たり前の存在を軽んじていたか、自分が求める人生に不要なものを求めていたか、後悔の念も生まれてきました。

おわりに

あなたは今、自分が望む人生を本当に送れていますか？

経済的自由を得ると時間が増えます。そして私の場合、自分の過去をいろいろ思い返しました。やり残していたこと、子ども時代に描いていた夢などを考えるようになったのです。

あなたが実現したい夢はなんですか？

大好きなスポーツに貢献できる仕事がしたい、海に近い家に住んで毎日サーフィンを楽しみたい、自分で育てた野菜を出す小さなレストランをやってみたい、世界遺産を見て回りたい、高級ホテルのスイートルームに泊まってみたい、東京タワーが見える高級マンションの最上階に住んでみたい……なんでも構いません。

人生は一度きりです。やりたい夢があるのなら、すべてやりきってください。思い残すことはゼロにしてください。

第5章では「お金持ち=幸せ」ではないと述べましたが、自分がしたいことを実現するためには、多かれ少なかれお金が必要です。だからこそ、そのお金を得るために不動産投資をがんばるのです。

夢を実現するためにお金がかかるのであれば、実現までの費用を稼ぐプロセスを考え、それがクリアしたのならいったんストップして、幸せを優先する道を目指しましょう。

もう一つ、不動産投資を行ううえで重要なポイントをお伝えします。

それは「生活水準を安易に上げず、多額のローンは組まない」です。これを守れば、いつでも撤退できます。

焦ることはありません。一歩ずつ自分の求める成功に近づいていき、実現すればいいのです。私もまだ成功への道半ばにいます。

不動産投資は「富を独り占めにできないビジネス」だと私は考えています。

株や物販、アフィリエイトとは違い、再現性が高く、人から聞いた知識や経験が長期にわたってとても役立ちます。

WIN-WIN

そして不動産投資は、低所得者であっても成功できるチャンスがある、非常にフェアなビジネスです。

だからこそ、1人で頭を悩ませたり挑戦したりするのは、不動産投資の長所を活かせていないといえます。

複数人の知識や経験を持ち合わせることで、無駄な時間やコストをかけず、最短で成功にたどり着けます。

そういう意味で、コミュニティへの参加は強くおすすめするのですが、どんなコミュニティでもいいわけではありません。残念ながら、初心者からお金をだまし取る目的で運営されているコミュニティもあるようです。

絶対に避けていただきたいのは、「物件を売ろうとするコミュニティ」です。

不動産投資を学ぶところと、売るところが同じであるのはあまりおすすめしません。コミュニティでなくとも、不動産会社のセミナーなど、よく参加費無料のものがありますが、自社の不動産の売却を目的としていることも多いので、初心者は避けたほうが賢明かもしれません。失敗する可能性が非常に高いと考えられるからです。

不動産投資コミュニティにおいては、投資家同士はライバルではなく良きビジネスパートナーです。

有益な情報を提供しアドバイスしあうことが、相手にとっても自分にとっても、そして紹介された各業者にとっても、ポジティブな結果につながります。

全員がＷｉｎの状況になれるのです。

「搾取（さくしゅ）」ではなく「分配」「共存」。それが他の投資コミュニティにはない、不動産投資コミュニティの特徴だといえるでしょう。

東京や大阪などの大都市であれば、大家の会はたくさんありますし、地方でも少なからずあるはずです。

そこで先輩大家さんと知り合うことができれば、ＤＩＹをしている大家さんのリフォームに同行してみてください。お手伝いを志願して、嫌がる大家さんはまずいないでしょう。

また、本書を読んで私の考えに少しでも共感し、私が運営するコミュニティに興味を持ってもらえたらうれしく思います。どうぞ、お気軽にご参加ください。

もちろん強制するつもりは一切ありませんし、相性の問題もありますので、どこに入るかはご自身の判断です。いずれにせよ、何かしらのコミュニティに入ったほうが成功確率が上がるのはたしかです。

最後になりましたが、本書を出版するにあたり、ご協力いただいたみなさんにお礼を述べたいと思います。

本を発行する必要性を教えてくれた川島和正さん、いつもありがとうございます。プラチナ出版の今井修社長、編集協力の布施ゆきさん、イラストレーターのひろじんさんにもお世話になりました。

それから私が率いる「Ｚｅｒｏ Ｏｎｅ Ｃｌｕｂ」のみなさんや、小嶌大介さん率いる「ＶＩＮＴＡＧＥ ＣＬＵＢ ２０２０」のみなさんにはいつも感謝しております。

そして、本書を最後までお読みいただいた読者のみなさん。数ある不動産投資関連の書籍から選んでいただき、本当にありがとうございました！

副業の大切さに気づいたみなさんの不動産投資での成功を心からお祈りしています。

２０２０年８月吉日

黒崎裕之

●著者紹介

黒崎 裕之

（くろさき ひろゆき）

元大手不動産営業マン兼、低リスク・高利回りで不動産を運用する個人投資家。首都圏の築古不動産投資専門コミュニティ「Zero One Club」を主宰。石川県金沢市出身。

家業が不動産を扱っていたが、過去に家族が不動産の取り扱いに失敗し1億円を超える相続税を課され、その支払いに大変苦労した。

その経験から、同じ轍を踏むまいと上京後に不動産の世界に飛び込んだ元大手総合不動産会社の社員。

「買う人の気持ちのわかる営業マン」として数々の営業成績を残す。新築マンション販売時は常に全社10位以内の上位成績を誇り、半期での営業成績トップも複数回記録。

個人投資家としても自己資金を使わずに不動産投資をはじめ、現在アパート9棟、区分2室、戸建て7軒、部屋数約65室、借入れ約8,000万円、平均利回り約30%で運用中。

ただ売るだけでなく、不動産を買う側の心理の理解にも努めるべく不動産投資を実践している。

著書に『100万円からできる「地方・ボロボロ一戸建て」超高利回り不動産投資法』（日本実業出版社）がある。

編集協力　布施ゆき

無敵の副業!!
「100万円戸建て」からはじめる不動産投資入門

2020 年 9 月 4 日　初版発行

著　者　　黒崎　裕之
発行人　　今井　修
印　刷　　株式会社日本制作センター
発行所　　プラチナ出版株式会社
〒 104-0031　東京都中央区京橋 3 丁目 9-8
京橋白伝ビル 3 F
TEL　03-3561-0200　FAX　03-3562-8821
http://www.platinum-pub.co.jp

ISBN978-4-909357-58-8